Ulrich Wickert
Identifiziert Euch!

ULRICH WICKERT

# IDENTIFIZIERT EUCH!

Warum wir ein neues
Heimatgefühl brauchen

**PIPER**

*Mehr über unsere Autoren und Bücher:*
*www.piper.de*

Von Ulrich Wickert liegen im Piper Verlag vor:
Identifiziert Euch!
Gauner muss man Gauner nennen
Das achte Paradies
Der nützliche Freund

ISBN 978-3-492-05954-1
© Piper Verlag GmbH, München 2019
Satz: Kösel Media GmbH, Krugzell
Gesetzt aus der Meridien LT
Litho: Lorenz & Zeller, Inning am Ammersee
Druck und Bindung: GGP Media GmbH, Pößneck
Printed in Germany

*Für Julia, Ellie und John*

# Inhalt

Was mich antreibt   9

Es ist höchste Zeit!   15

Vom alltäglichen Wahnsinn   23

Reden statt handeln   34

Identität in einer modernen Nation   74

Nationalstolz und Identität   106

Identität sucht Heimat   111

Volkes Sprache   133

Dem deutschen Volke   154

Was uns im Innersten zusammenhält   164

Integration ist anstrengend   180

Die Zukunft: eine humane Gesellschaft   197

# Was mich antreibt

Der Zustand unserer Gesellschaft macht mir Sorgen. Sie droht auseinanderzufallen. Einerseits wächst die Uninformiertheit im politischen Leben, anderseits bedrohen Gewalt, Egoismus und Individualismus im zivilen Leben den Zusammenhalt der Gemeinschaft. Was ist das für ein Land, in dem Juden vom Antisemitismusbeauftragten der Bundesregierung empfohlen wird, die traditionelle Kopfbedeckung der Kippa in der Öffentlichkeit nicht zu tragen, um nicht körperlichen Angriffen ausgesetzt zu werden? Stattdessen müsste der Staat doch versprechen: Hier ist jeder sicher, und wir sorgen dafür! Da wird der Regierungspräsident Walter Lübcke kaltblütig mit einem Kopfschuss ermordet, mutmaßlich von einem Neonazi, und plötzlich stellt sich heraus: seit Jahren werden besonders Kommunalpolitiker mit dem Tode bedroht. Und der Staat sagt es ihnen in einigen Fällen noch nicht einmal. Es ist nicht neu, dass Verfassungsschutz und Sicherheitsbehörden versagen, wenn es um rechtsradikale Hassbeschimpfungen, Drohungen und Beleidigungen gegen Politiker geht. Und die Justiz zeigt sich merkwürdig tolerant. Der Leipziger Oberbürgermeister und Präsident des Deutschen Städtetages klagt: »Ich vermisse hier eine klarere Haltung des Staates.«

Es läuft gerade etwas ganz grundsätzlich falsch.

Die Frage, was eine Gemeinschaft ausmacht und was sie zusammenhält, hat mich schon früh in meiner journalistischen Laufbahn beschäftigt. Es ist einerseits das Bekenntnis zu gemeinsam erarbeiteten gesellschaftlichen Regeln, genannt Werte und Tugenden, es hat andererseits auch mit Gefühlen zu tun. Denn bei vielen Menschen spielt das Gefühl eine wichtige Rolle, das ergänzt wird – wenn es gut geht – durch die Vernunft. Beides hängt mit der Suche nach Heimat und dem Wissen um eine gemeinsame, auch kollektive oder nationale Identität zusammen.

Ganz unbewusst habe ich früh ein Heimatgefühl gespürt. Die ersten sieben Schuljahre habe ich in Heidelberg verbracht. Es war eine glückliche Zeit, im Mai sammelten wir Hunderte von Maikäfern in Schuhkartons, im Herbst briet uns die eine oder andere Mutter Esskastanien in der Pfanne; Maronen, die wir im Wald auf dem Heiligenberg zusammengerafft hatten. Doch dann zogen wir, ich war gerade 13 Jahre alt, wegen des Berufs meines Vaters nach Paris. Das war 1956, in einer Zeit, in der man von Heidelberg nach Paris mit dem Auto zwölf Stunden fuhr, mit der Bahn war es auch eine Tagesreise. Also keine Zeit, in der man mal eben für ein Wochenende jemanden von Paris aus in Heidelberg besuchte – oder umgekehrt. Ich verließ meine Kumpel aus der Schule und die »Straßenbande« in der Handschuhsheimer Landstraße mit einem melancholischen Gefühl.

Heidelberg besuchte ich erst wieder fünf Jahre später nach dem Abitur, das ich wegen vieler Umschulungen merkwürdigerweise sogar ein Jahr vor meinen ehemaligen Klassenkameraden in Heidelberg bestanden hatte. Ich erinnere mich heute noch, wie ich ihnen damals bei einem Besuch klagte, am liebsten wäre ich in Heidelberg geblieben, wo mich ein heimatliches Gefühl berührte, weil wir eine verschworene Gemeinschaft gebildet hatten – und jede Ecke der Stadt und der umliegenden Wälder kannten. Sie aber lachten mich aus und sagten: »Wie haben wir dich beneidet. Wir wären alle gern ins aufregende Paris gezogen.«

Der Begriff *Heimat* wurde damals in der Politik häufig diskutiert, denn Flüchtlinge und Vertriebene aus Ostpreußen, aus Schlesien, dem Sudetenland und anderen Gebieten veranstalteten den »Tag der Heimat«, an dem 1956 Vertriebenenminister Theodor Oberländer, ein Alt-Nazi, der schon am Hitlerputsch am 9. November 1923 in München teilgenommen hatte, bekräftigte, dass die Bundesregierung die Forderung der Vertriebenen nach ihrem Heimatrecht unterstütze. Deren Heimatbegriff mag heute noch die AfD vertreten, doch mich beschäftigt ein neues Heimatgefühl. Bezieht sich der Heimatbegriff der AfD doch weitgehend auf die Erde, die Scholle, die Vergangenheit, so gründet das neue Heimatgefühl auf dem kritisch erarbeiteten Wissen um die Geschichte und vielen anderen Elementen, die in so manch einem Fall überhaupt nichts mehr mit dem Ort der Herkunft gemein haben. *Heimat* mag man als Wort ablehnen, sie bleibt trotzdem ein Grundgefühl der meisten Menschen.

Es hat eine Weile gedauert, bis ich gelernt habe, dass nicht allein das Gefühl für Heimat hilft, eine Gemeinschaft zusammenzuhalten. Und es ist auch nicht verwunderlich, dass mich diese Erkenntnis in Frankreich ereilte, wo ich drei Jahre in eine französische Schule ging und zehn Jahre lang als ARD-Fernsehkorrespondent arbeitete. Ich begann ein Volk zu bewundern, das – ganz anders als die Deutschen – in sich ruht, weil es sich zu seiner Identität bekennt und mit ihr eins zu sein scheint.

In den Achtzigerjahren veröffentlichte der französische Historiker Fernand Braudel, berühmt wegen seiner Universalgeschichte des Mittelmeerraumes, sein Alterswerk mit dem Titel *L'Identité de la France* – die Identität Frankreichs. In Deutschland erschien es unter dem Titel *Frankreich*. Der deutsche Verlag verzichtete auf den Begriff *Identität*, wohl wissend, dass er in Deutschland umstritten ist.

Nationale Identität wird von Braudel nicht politisch, weder rechts noch links, interpretiert, weil dies nicht seiner Definition entspricht. Und dem schließe ich mich voller Überzeugung an. Nationale Identität ist für den Historiker »das lebendige Resultat alles dessen, was die unbeendbare Vergangenheit in aufeinanderfolgenden Schichten geduldig deponiert hat – ganz so, wie die kaum wahrnehmbaren Ablagerungen des Meeres mit der Zeit die mächtigen Aufwerfungen der Erdkruste gebildet haben«.

Wenn ich in Deutschland gegenüber meinen Gesprächspartnern das unverbrüchliche Bekenntnis der Franzosen zu ihrer Identität lobte, wohl weil ich mir – vielleicht ein wenig naiv – das Gleiche für mein Land, für die Deutschen wünschte, erfuhr ich Misstrauen und Ablehnung. Der kluge Rechtsprofessor, SPD-Politiker und zeitweise Kanzleramtsminister von Willy Brandt, Horst Ehmke, mit dem ich gern stritt, hielt davon gar nichts. Noch in der Hauptstadtdebatte im Juni 1991 im Bundestag sagte er zur deutschen Identität: »Ich liebe dieses Wort nicht besonders, weil es auf die Kategorien von Vergangenheit und Geschlossenheit rekurriert. Ich rede lieber von Selbstverständnis. Die Deutschen sind ja nicht seit Hermann dem Cherusker ein und dieselben geblieben.« Für ihn war *Identität* offenbar das, was sie heute noch für Vertreter der AfD und andere Rechtsradikale ist, wie etwa auch jene, die sich die Identitären nennen, übrigens eine Bewegung, die aus Frankreich stammt. *Identität* lässt sich leicht missbrauchen. Die rechte Gruppierung im 2019 neu gewählten Europaparlament nennt sich deshalb auch »Identität und Demokratie«. Denn selbst gebildete Leute missverstehen *Identität* häufig als eine reaktionäre Aussage wie – ich will es leicht ironisch formulieren – »Alle Deutschen sind Germanen. Ausländer raus.«

Eine gewisse Verzweiflung überkam mich deshalb, als Bundespräsident Roman Herzog in seiner Rede zum Tag der Deutschen Einheit am 3. Oktober 1994 kurzerhand die Existenz einer deutschen Identität abstritt. Er sagte: »Wer über dieses Thema spricht, von dem werden heute mehr Wehklagen als Aussagen erwartet. Aber daran will ich mich nicht beteiligen, zumal ich immer noch keinen gefunden habe, der mir erklären könnte, was ›nationale Identität‹ eigentlich ist – ›nationale Identität‹, die uns angeblich fehlt und die wir angeblich dringend benötigen.« Ich vermute, dass auch er dem Irrglauben verfallen war, »nationale Identität« entspringe dem Wortschatz der Vergangenheit. Was aber nicht der Fall ist.

Man mag auch die Existenz einer *nationalen Identität* ablehnen. Sie besteht trotzdem und ist zusammen mit dem Heimatgefühl ein wesentlicher Grundstein für eine funktionierende Gemeinschaft! Deshalb sollten wir uns zu einem neuen Heimatgefühl und zu unserer kollektiven Identität bekennen, um unser Land in eine vernünftige und sichere Zukunft führen zu können. Deshalb meine Bitte: Identifiziert Euch!

# Es ist höchste Zeit!

Wir müssen ran! Und zwar schleunigst. Wenn wir jetzt nicht handeln, zerbröselt Deutschland im Burnout. Ganz selbstgefällig.

Wir müssen unsere Ängste überwinden, der Wirklichkeit ins Auge schauen und allen Mut zusammennehmen, um das, was unsere Gesellschaftsordnung bedroht, zu bekämpfen.

Wir scheinen vergessen zu haben, dass in einer Demokratie jeder Bürger Verantwortung für den Zustand der Gesellschaft hat, in der er lebt.

Nun mal langsam: Bitte keinen Alarmismus!

Was ist denn los? Ist es wirklich so schlimm?

Die Lage in Deutschland ist merkwürdig widersprüchlich: Einerseits geht es dem Land so gut wie lange nicht mehr. Anderseits fühlen wir, dass die gesellschaftlichen Herausforderungen und Verwerfungen stärker werden.

Auf der einen Seite stellen wir fest: Die Arbeitslosigkeit sinkt in jeder monatlichen Meldung stets auf ein noch niedrigeres Niveau, um das ganz Europa die Deutschen beneidet. Unternehmen suchen händeringend Fachkräfte. Steuereinnahmen sind jahrelang gesprudelt. Die Rücklagen der Sozialkassen sind immens, der Staat macht keine Schulden mehr. Geld, so sagen die Banken, sei im Überfluss vorhanden, weshalb es zu so billigen Zinsen verliehen wird, dass Hauskredite unter zwei Prozent liegen, woraufhin der Wert von Immobilien rasend steigt. Macht aber nichts, denn es scheint tatsächlich so, als sei Geld genug vorhanden. Flughäfen können den Ansturm der Urlaubsreisenden bei Ferienbeginn kaum noch bewältigen, die Haushaltsrealeinkommen steigen laut Deutschem Institut für Wirtschaftsforschung stetig, und die Einkaufszentren sind voll.

Doch der Schein trügt, denn es gibt durchaus Anlass für Klagen. Und zwar in sehr vielen Bereichen: Mit dem steigenden Wohlstand hat sich nämlich auch die Ungleichheit verschärft. Die Schere geht auf. Millionen Menschen verdienen in Deutschland zu wenig, um die Familie ernähren zu können – die Haushaltsrealeinkommen der untersten 10 Prozent sanken in den letzten Jahren sogar. Seine Familie ernähren zu können, hatte schon im 18. Jahrhundert Adam Smith, Vater der klassischen Nationalökonomie, in seinem Werk *Der Wohlstand der Nationen* als Maßstab für einen gerechten Lohn bezeichnet. Der Mindestlohn müsse auf mindestens zwölf Euro die Stunde erhöht werden, erklärte selbst Bundesfinanzminister Olaf Scholz in einem

Interview mit der *Frankfurter Allgemeinen Zeitung*. Aber es geschieht nichts, während die bereits hohen Gehälter von DAX-Vorständen – nach einer Studie der Unternehmensberatung hkp im Schnitt 7,51 Millionen Euro – jährlich steigen.

Geld sei im Überfluss vorhanden, sagen die Banken, aber Einkommen und Vermögen in Deutschland sind ungerecht verteilt. Mittlerweile verdienen die DAX-Manager im Vorstand im Schnitt das 71-Fache eines durchschnittlichen Angestellten, hat die Bundesregierung auf eine Kleine Anfrage der Linken im März 2019 hin festgestellt. Die höchste Vergütung bekommen Vorstandsvorsitzende. Bei ihnen ist der Abstand zur Belegschaft noch größer. Zwölf Unternehmen zahlen dem (männlichen) Vorstandschef mindestens das 100-Fache des durchschnittlichen Gehalts. Die Post liegt dabei ganz vorne: Ihr Chef Frank Appel verdient das 232-Fache seiner Mitarbeiter, so eine Studie der Hans-Böckler-Stiftung. Gleichzeitig aber spart die Post bei den Briefträgern und liefert mancherorts schon nicht mehr jeden Tag die Post aus.

Die Politik in Deutschland hat es seit Bestehen der Bundesrepublik versäumt, der ärmeren Hälfte der Bevölkerung zu helfen, Vermögen aufzubauen. Das würde am besten über Immobilien gelingen. Doch anders als in Großbritannien oder in den sozialdemokratisch geführten Ländern Skandinaviens hat die SPD sich stets dagegengewandt, Wohnungseigentum für Arbeiter zu fördern. Als ich den damaligen Finanzminister Peer Steinbrück (SPD) auf das britische Beispiel hinwies, wo fast 80 Prozent der Familien ein Haus besitzen, das ihnen als Finanzreserve für das Alter dient, wiegelte er ab, in Deutschland sei das Sparbuch wichtiger. Aber wer spart, erhält seit langer Zeit keine Zinsen mehr.

Mit dem Hamburger Bürgermeister Henning Voscherau (SPD) diskutierte ich über die, wie ich fand, merkwürdige Steuererleichterung für Schiffsinvestitionen. Wer 100 000 Euro in ein Schiff investierte, erhielt 50 000 Euro Steuererleichterung. Das konnte ein Normalbürger doch niemals nutzen. Da meinte Voscherau, die Steuererleichterung verlangten die Hamburger. Nun, diese Forderung kam nur von manchen: den Hamburger Reedern oder »reichen Pfeffersäcken«, wie Hanseaten ihre Kaufleute nennen. Der durchschnittlich verdienende Hamburger konnte sich solch einen Luxus, in ein Schiff zu investieren, um Steuern zu sparen, gar nicht leisten. Allerdings brach das System der steuerbefreiten Schiffsinvestitionen zusammen, als es nach der Finanzkrise 2008 plötzlich allzu viele Containerschiffe gab. Die reichen Reeder hatten sich Unsummen für Schiffsinvestitionen etwa bei der HSH-Nordbank, die den Ländern Hamburg und Schleswig-Holstein gehörte, geliehen. Die Bank machte pleite, weil viele Schiffskredite nicht zurückgezahlt werden konnten. Das kostete den Steuerzahler allein in Schleswig-Holstein bis zu sieben

Milliarden Euro, jene in Hamburg noch einmal das Gleiche, während die insolventen Reeder die durch Steuererleichterungen gewonnenen privaten Millionen längst in Sicherheit gebracht hatten und weiterhin über Hochseejachten und große Villen verfügten.

Das ist ungerecht! Und der durchschnittlich verdienende Bürger sollte es nicht hinnehmen. Erstaunlicherweise gab es nur wenig Protest. Wie so oft. Woran liegt das? Sind die Deutschen zu satt?

Deutschland leidet heute noch unter dem neoliberalen Wirtschaftsdenken, das in den Achtziger- und Neunzigerjahren aus den USA nach Deutschland kam. Der damalige Chef der Deutschen Bank, Josef Ackermann, verkündete 2003, seine Bank müsse eine Eigenkapitalrendite von 25 Prozent erwirtschaften.

Zu seiner Verteidigung: er meinte 25 Prozent vor Steuern, das bedeutet 15 Prozent nach Steuern, aber vom neoliberalen Denken besoffen, hielt niemand Ackermanns Ziel für unrealistisch. Die Wirklichkeit holte die Bank ein. Heute liegen die Aktien der Deutschen Bank schon fast auf Ramschniveau.

Denn die Sucht nach Gewinn wurde von Gier getrieben. Banken, Anwälte, Finanzmakler, Investoren dachten sich immer neue, häufig illegale Methoden aus, Geld zu vermehren. Inzwischen lesen wir jeden Tag über neue Betrügereien aus der Finanzwelt.

Allein für die Strafen wegen der Täuschung von Anlegern rund um ausgefallene Immobilienkredite vor dem Ausbruch der Finanzkrise musste die Deutsche Bank in verschiedenen Strafverfahren knapp zehn Milliarden Dollar zahlen, hinzu kommen weitere Milliardenstrafen wegen Geldwäsche – und das ist nicht alles.

Diese Summe muss man sich vorstellen: Weit mehr als zehn Milliarden Euro! Der Jahreshaushalt des Stadtstaates Hamburg im Jahr 2019 umfasst gerade mal 15 Milliarden Euro. In deutschen Gefängnissen sitzen rund Tausend Schwarzfahrer, weil sie einen Schaden von einigen Tausend Euro verursacht haben. Da frage ich mich: Wie viele Mitarbeiter der Deutschen Bank sind eigentlich im Gefängnis gelandet – bei der Milliardenschadenssumme?

Jeden Tag kann ich mich morgens ärgern, wenn ich die Wirtschaftsseiten der Tageszeitungen aufschlage. Sie lesen sich wie Pressemitteilungen der Kommissariate für Wirtschaftskriminalität. Achten Sie einmal darauf! So meldet die *Frankfurter Allgemeine Zeitung* am 19. Dezember 2018: »Die deutsche Justiz rüstet auf, um der wachsenden Strafverfahren im Zusammenhang mit den umstrittenen ›Cum-Ex‹-Steuertricksereien Herr zu werden. Das Landgericht Bonn hat dazu eigens eine zusätzliche Strafkammer eingerichtet.« Bankmanager und Börsenhändler hatten durch betrügerische Steuererklärungen den Staat um mehrere Milliarden Euro betrogen. Allein die Hypo-Vereinsbank, einmal erwischt, hat freiwillig den Schaden von 113 Millionen Euro nachträglich erstattet! Einem Prozess entgeht sie dadurch trotzdem nicht.

Gier trieb die Finanziers und Banker in ihrem Handeln an – und ihr Denken wurde von der Politik übernommen. Auch hier ging es immer mehr ums Geld: Plötzlich wurde es modern, staatliche Einrichtungen zu privatisieren. Städtische Krankenhäuser wurden verkauft, damit ein Investor sie »schlanker« führen konnte. Was nichts anderes heißt als: weniger Personal, weniger Gehalt, mehr Gewinn.

Die Bundesregierung wollte die Deutsche Bahn privatisieren und an die Börse bringen, weshalb nicht mehr in Reparaturen und Modernisierung investiert, sondern an allem gespart wurde: Gewinn musste eingefahren werden. Die Folge: Heute ist die Bahn ein marodes Unternehmen, dem es an Zügen, Personal und vor allem moderner Infrastruktur fehlt – so der Bundesrechnungshof Ende 2018. Das alles geht zulasten der Kunden, die unter ausfallenden Zügen oder ständigen Verspätungen leiden.

Reden wir erst gar nicht von der Unfähigkeit der Politik, einen Großflughafen in Berlin zu bauen!

Noch ein Beispiel: Selbst in einem Bundesland, in dem der grüne Ministerpräsident Winfried Kretschmann einst verbeamteter Gymnasiallehrer war, werden mit angestellten Lehrern zeitlich begrenzte Verträge abgeschlossen, die meines Erachtens wider die guten Sitten sind. »Mit den Ferien kommt die Entlassung« titelte der *Spiegel* Anfang Juli 2018. 2019 wird es kaum anders sein. Am Ende eines Schuljahres läuft die Anstellung aus. Dann sind die Lehrer während der Sommerferien arbeitslos und müssen Sozialleistungen beantragen. Einen neuen Vertrag erhalten sie erst – wenn sie Glück haben – zu Beginn des nächsten Schuljahres. Ich finde es erstaunlich, dass es gegen solch menschenverachtendes staatliches Vorgehen keine Revolte gibt. Denn dieses Verhalten des Staates verdient einen größeren Aufstand als beispielsweise gegen den Bahnhofsbau Stuttgart 21. Es geht darum, die Politik zu zwingen, anständig zu handeln.

Neoliberales Gewinnmachen predigt: Sparen bei staatlichen Investitionen. Schulen, Straßen, Autobahnen, Brücken. Sparen bei Personalkosten. Lehrern, Polizisten, Pflegepersonal. Überall muss wegrationalisiert und verschlankt werden.

Dem Gemeinwesen geht es nicht gut. Es gibt nur wenige, die protestieren, allzu oft am linken oder rechten Rand und ohne tragbare Gegenvorschläge. Und die Mehrheit der Bürger schluckt es – ist träge Masse –, statt sich zu empören und Verantwortung zu übernehmen. Verantwortung, die auch in Protest liegen kann und in Vorschlägen für bessere Alternativen liegen muss.

Aber warum ist das so?

# Vom alltäglichen Wahnsinn

Nun sollte man das Klagen nicht übertreiben. Seien wir ehrlich: Steht Deutschland im großen Ganzen nicht hervorragend da? Denkt sich der träge Konsument, dem es hier gut geht. Außenpolitische Nachrichten – eigentlich ein bevorzugter Ort der demokratischen Mitverantwortung – verfangen kaum. Lediglich voyeuristische Teilhabe ist geboten.

In der Außenpolitik ist die Rolle der deutschen Politik in den Jahren seit der Wiedervereinigung ständig gewachsen. Während die Frage, ob die Bundeswehr als ordnungsstiftende Friedensmacht im Bürgerkrieg des zerfallenden Jugoslawien eingesetzt werden dürfe, 1999 die eben an die Macht gekommene rot-grüne Regierung unter Bundeskanzler Gerhard Schröder und Außenminister Joschka Fischer fast zu Fall gebracht hätte, stehen inzwischen Bundeswehrsoldaten im Kampfeinsatz in Afghanistan, mit der Begründung des damaligen Verteidigungsministers Peter Struck (SPD): »Die

Sicherheit der Bundesrepublik Deutschland wird heute auch am Hindukusch verteidigt.« Und das Gleiche mag man für den Einsatz gegen IS-Rebellen in Mali sagen. Inzwischen bilden Bundeswehroffiziere kurdische Soldaten an deutschen Waffen im Norden des Irak aus. Durch die Vereinten Nationen wurde Deutschland mit 184 von 193 Stimmen für die Jahre 2019 und 2020 in den Sicherheitsrat gewählt.

Nun gut, die Welt ist komplizierter geworden seit dem Amtsantritt von Donald Trump als US-Präsident. Der ehemalige deutsche Botschafter in Washington und London, einst Dayton-Verhandler und seit Jahren Leiter der Münchner Sicherheitskonferenz, Wolfgang Ischinger, warnte bei einem Diskussionsabend der Deutschen Gesellschaft für Auswärtige Politik sogar: »Wir haben die gefährlichste Weltlage seit Ende des Kalten Krieges.«

Aber es scheint die Deutschen nicht allzu sehr zu beunruhigen, dass die USA kaum noch verlässliche globale Partner sind, dass China auf dem Weg ist, Weltmacht Nummer eins zu werden, dass durch den bevorstehenden Brexit unsere unmittelbare politische Umgebung zu wanken droht. Hat Deutschland in der griechischen Finanzkrise nicht gezeigt, dass es sich in Europa durchsetzen kann – selbst wenn Frankreich nur halbherzig an seiner Seite steht? Wo ist der Mut zu klaren Worten und Taten heute geblieben?

Die Lage ist in den letzten Jahren ernster geworden. Europa ist sich immer weniger einig, autoritäre Regierungen im Osten sind zunehmend europakritisch. Und das in einer Zeit, in der Europa sich als ernsthafter Konkurrent der USA und Chinas in der Weltpolitik zeigen müsste. Auf die Visionen des französischen Staatspräsidenten Emmanuel Macron, wie Europa weiterzuentwickeln sei als ein Europa der Bürger, hat die Bundesregierung zunächst gar nicht geantwortet. Der Außenminister scheint überfordert, die Bundeskanzlerin fühlt sich insgeheim von der Dynamik des jungen Präsidenten in die Enge getrieben. Sie überließ die Antwort an Frankreich der von ihr ausgewählten neuen CDU-Parteivorsitzenden Annegret Kramp-Karrenbauer, die äußerst unglücklich vorschlug, Straßburg als Sitz des Europaparlaments aufzuheben. Frankreichs politische Klasse war entsetzt, fühlte sich brüskiert, und die rechtsradikale Parteivorsitzende Marine Le Pen hatte Futter für neue Polemiken gegen Deutschland und Europa.

Europa muss sich aber wappnen gegen die zerstörerische Politik des US-Präsidenten Donald Trump und die Wirtschaftsmacht China.

Deshalb haben CDU und SPD, die seit 2018 die Bundesregierung bilden, in ihrem Koalitionsvertrag auch beschlossen, dass Deutschland angesichts »der internationalen Herausforderungen ... seine Kapazitäten zur strategischen Analyse stärken und seine strategische Kommunikation intensivieren« müsse.

Doch tut es das? Na schön, mag manch einer besorgt sagen, das alles klingt nicht allzu erfreulich. Nicht nur die Sprunghaftigkeit von Präsident Trump, die Ambitionen von Xi Jinping und die erfolglose Politik Mays geben zu denken: Beunruhigend ist auch, dass in Russland, Ungarn und Polen autoritäre Regierungen ins Amt gewählt wurden. Und andere versuchen den Staat im Rahmen von Koalitionen zu unterhöhlen, wie gerade erst der Ibiza-Skandal rund um die FPÖ-Politiker Strache und Gudenus zeigte. Von deutscher Seite kommen nur schwache Signale, dass dies alles außen-, sicherheits- und entwicklungspolitisch brisant ist. Und die Bürger fordern keine Stellungnahme ein.

Der Grund liegt in Meldungen wie dieser vom 20. August 2018 im *Tagesspiegel*: »Ungeachtet der Drohungen von US-Präsident Donald Trump wird Deutschland einer Prognose des Ifo-Instituts zufolge auch 2018 den weltgrößten Leistungsbilanzüberschuss aufweisen. Er dürfte sich auf umgerechnet 299 Milliarden Dollar summieren ...« Gemessen am Bruttoinlandsprodukt ist die Bundesrepublik die größte Volkswirtschaft Europas und die viertgrößte der Welt.

Und manches wird durch zweifelhafte Geschäfte erwirtschaftet: Deutsche Panzer, Gewehre und andere Waffensysteme sind immer noch weltweit gefragt. Die Exporte in alle Welt, selbst in Krisen- und gar Kriegsgebiete beweisen es. Die Bundesregierung spielt dabei mit ihren Exportgenehmigungen eine peinliche Rolle. Sie begründet ein fehlendes Exportverbot mit dem Arbeitsplatz-Argument. Das erinnert mich an den wiederkehrenden Satz in Paul Celans *Todesfuge:* »Der Tod ist ein Meister aus Deutschland.« Dieses Gedicht ist zwar auf den Holocaust bezogen, der aber ist ein wesentlicher Bestandteil der deutschen Identität, weshalb die Bundesrepublik eine besondere Verantwortung trägt. Moralische Gründe verbieten es, todbringende Industrieprodukte aus wirtschaftlichen Gründen in die Krisenregionen der Welt zu verkaufen, etwa in den Jemen, in dem ein Religionskrieg zwischen Iran und Saudi-Arabien stattfindet.

Doch all das, was näher oder weiter weg, aber jedenfalls nicht »vor der eigenen Haustür« liegt, interessiert die Bürger kaum. Was zählt schon ein Sitz im Weltsicherheitsrat? Was bedeuten Statistiken über Bruttoinlandsprodukt oder Leistungsbilanzüberschüsse für den einzelnen Bürger? Was geht ihn der Krieg in der Ferne an? Im Großen und Ganzen gar nichts.

Stattdessen verzweifeln immer mehr Bürger an der Unfähigkeit des Staates, die Dinge im vermeintlich Kleinen zu regeln, Dinge, die das tägliche Leben betreffen. Und deshalb fällt es ihnen immer schwerer, sich mit ihm zu identifizieren.

Der alltägliche Wahnsinn fängt mit Banalitäten an, nämlich dem Versuch, in ländlichen Gebieten mit dem Mobiltelefon jemanden anzurufen. Bei der 4G/LTE-Versorgung in der Fläche liegt Deutschland im europäischen Vergleich hinter Albanien auf dem drittletzten Platz, ermittelte das Aachener Beratungsunternehmen P3 Ende 2018. Auch bei der Qualität der Netze – der Datengeschwindigkeit also – landet Deutschland beim europäischen Vergleich im hinteren Drittel. Selbst in Südkorea ist das Netz doppelt so schnell. Wer in einem Mecklenburger Dorf das Internet beruflich nutzen will und größere Datenmengen bewegt, der ist verraten und verkauft. Er muss zum Senden viele Kilometer fahren, bis er den richtigen Empfang hat.

Der Grund? Die Raffgier des Staates. Die Bundesregierung verlangt von den Netzbetreibern Milliarden für die Lizenzen. Denen dann das Geld für den Ausbau der Netze fehlt. Aber dafür scheint die Regierung kein Verständnis zu haben. Als es um die Verteilung der Lizenzen für den neuesten Telefonstandard 5G ging, erklärte die Bundeswissenschaftsministerin Anja Karliczek, man sollte jetzt erst mal 4G ausbauen, es müsse ja nicht an jeder Milchkanne 5G zu empfangen sein. Eine Torheit, die heftig kritisiert wurde. Da sieht die Regierung darüber hinweg, dass der moderne Bauer für die tagesaktuelle Beobachtung der Kurse an den Rohstoffbörsen dringend auf schnelles Internet angewiesen ist.

Wie wenig es der Bundesregierung wirklich um die unbedingt notwendige Digitalisierung in Deutschland geht, zeigt sich daran, dass sich kein eigenes Ministerium dieser Frage widmet, sondern eine völlig überforderte Dorothee Bär (CSU) als Staatsministerin im Bundeskanzleramt mit dieser unverzichtbaren Aufgabe beauftragt wurde. In Interviews zu ihrem politischen Auftrag macht sie sich durch Unkenntnis lächerlich. Laut Bär ist Digitalisierung »ja nicht nur der Breitbandausbau«, sondern eben auch Flugtaxi-Betrieb. In sozialen Netzwerken ist sie hauptsächlich wegen ihrer Fotos in feschen Klamotten bekannt.

Anders als in den USA, wo Donald Trump über ein eigenes regierungsgelenktes 5G-Netz wenigstens nachdenkt, wird in Deutschland der Ausbau der Netzinfrastruktur weiterhin marktgetrieben erfolgen – also nicht in der Fläche. Wenn die Lizenzen aber kostengünstiger und unter strengen Auflagen vergeben würden, etwa verbunden mit der Verpflichtung zur vollständigen Abdeckung des Lizenzgebiets Deutschland, dann könnten die vielen weißen Flecken innerhalb kürzester Zeit komplett verschwinden.

Doch nicht nur 5G-Lizenzen sind das Wirkungsfeld von Dorothee Bär, auch die digitale Verwaltung ist ein Lieblingsthema der Staatsministerin. Die deutschen Amtsstuben aber sind weit entfernt von solchen Ideen.

Stattdessen auch hier alltäglicher Wahnsinn. Fast jeder weiß vom Amtsschimmel zu berichten. Ein Beispiel für das Monster Bürokratie habe ich selbst erlebt: Ein Bauträger übernahm die Renovierung eines Hauses und stellte beim Bauamt den Antrag, eine Garage einbauen zu dürfen. Es kam keine Antwort. Zwei Jahre später war alles fertig. Ich zog ein. Weitere anderthalb Jahre später flatterte in meinen Briefkasten ein Schreiben des Bauamtes. Der Antrag sei hiermit abgelehnt worden. – Reine Schlamperei!

Andere Menschen ärgern sich über die wirren Vergabemechanismen für Kitaplätze. Erst fehlen Eintragungsmöglichkeiten, die verhindern, dass sich Eltern für zehn bis 15 Einrichtungen anmelden, danach werden nach intransparenten Kriterien Plätze zugeteilt, und womöglich fahren Eltern dann von einem Ende der Stadt zum anderen oder bringen mehrere Kinder in unterschiedliche Kitas.

Das Unvermögen des Staates zu handeln kostet sogar Menschenleben: Jedes Jahr sterben Dutzende Menschen in Deutschland durch rechts abbiegende Lastwagen. »Die LKW-Hersteller messen ihren Erfolg an Quartalszahlen. Nicht an der Zahl der Verkehrstoten«, so das *Magazin* der *Süddeutschen Zeitung*. Aber, so heißt es weiter: »Es gibt eine einfache Lösung, die meisten dieser Unfälle zu verhindern – doch die Politik lässt sich Zeit.« Technische Möglichkeiten wären da, erklärt der Unfallforscher Professor Wolfram Hell: »Wir könnten damit jedes Jahr Dutzende Menschenleben retten.« Aber selbst das scheint Politiker wenig zu berühren. Sie regieren weit entfernt vom Alltag des Bürgers, ohne sich von dessen Sorgen, ja ohne sich von dessen Leiden zum schnellen Handeln drängen zu lassen.

Dabei müsste die Bundesregierung nur vorschreiben, dass jeder Lastwagen oder Sattelzug mit einem Abbiegeassistenten und automatischer Bremsung ausgestattet sein muss. Aber dazu kann sie sich nicht durchringen. Unter Minister Alexander Dobrindt wurden lediglich zwei runde Tische einberufen, um über die Todesfälle durch abbiegende Lastwagen zu sprechen. Kaum etwas passierte. Dobrindts Nachfolger im Amt, Andreas Scheuer, will Firmen unterstützen, die den Abbiegeassistenten einbauen. Dazu will das Ministerium fünf Jahre lang fünf Millionen Euro bereitstellen, womit rund 16 600 Fahrzeuge gefördert werden könnten. In Deutschland sind aber drei Millionen LKW zugelassen. Und warum kein Gesetz? Die Bundesrepublik redet sich damit heraus, sie dürfe solch eine Verfügung nicht erlassen. Das dürfe nur die EU-Kommission. Die entscheidet aber weit weg von den Toten und vom Leid der Angehörigen. Also treffen sich internationale Fachleute seit Jahren – erst im März 2019 ein kleiner Erfolg: 2022 – in drei Jahren – werden solche Systeme verpflichtend.

Besonders ärgerlich wird es, wenn der Staat aus Geldgier das soziale Engagement des Bürgers missachtet. Wir erinnern uns: Es herrscht Not an bezahlbarem Wohnraum. Den Staat kümmert es offensichtlich wenig, wie das folgende Beispiel zeigt: Ein

Münchner hatte ein Mietshaus teils als Schenkung, teils als Erbe erhalten. Und da er es nicht teuer erworben hatte, wollte er an den Mietern auch nichts verdienen. So berechnete er nur Mieten, die ihm erlaubten, das Haus instand zu halten. Das Finanzamt aber hatte für die Schenkung zunächst 200 000 Euro verlangt, dann aber zusätzlich nochmals 230 000 Euro aufgeschlagen mit der Begründung, der Wert des Hauses sei viel höher anzusetzen, wenn der Eigentümer statt der tatsächlich verlangten niedrigen Mieten die weit höheren ortsüblichen Sätze berechnen würde. Um die Steuern bezahlen zu können, musste der sozial denkende Münchner daraufhin seine Mieten um 15 Prozent erhöhen. Das aber ist nach Recherchen der *Frankfurter Allgemeinen Zeitung* kein Einzelfall: »Selbst Vermieter, die Gutes tun wollen, müssen Steuern einkalkulieren, wenn sie Verluste vermeiden wollen. Auch das treibt niedrige Mieten tendenziell in die Höhe.«

Auf der anderen Seite beklagt der Rechnungshof, Finanzämter verschenkten Hunderte Millionen, weil Steuerprüfer oft selbst nicht wüssten, wie viel Geld sie von Steuersündern eintreiben sollen. Der Präsident des Rechnungshofes Kay Scheller erklärte, dass der Ankauf der sogenannten »Steuer-CDs« zu Nachzahlungen in Milliardenhöhe geführt habe. Die säumigen Steuerzahler hätten nicht nur Steuern nachzahlen müssen, sondern auch Hinterziehungszinsen. Dabei hätten die Finanzbehörden aber eines vergessen: Die Verzinsung unterbliebener

Einkommensteuer-Vorauszahlungen. Dadurch sei dem Staat eine Milliarde Euro entgangen. Denn als das Versäumnis auffiel, waren die Ansprüche verjährt.

Immer mehr Bürgern geht es so, wie es Manfred Güllner, Chef des Meinungsforschungsinstituts Forsa, Anfang 2019 feststellte: »Das Gefühl scheint bei den Menschen zu wachsen, dass staatliche Institutionen und auch private Versorgungseinrichtungen nicht mehr richtig funktionieren. So gibt es bundesweit einen deutlichen Rückgang an Vertrauen in ganz viele Institutionen, den wir in dieser Form im letzten Jahrzehnt noch nie beobachtet haben. Vieles im Alltag der Menschen funktioniert nicht oder nicht mehr. Deshalb macht sich die Wahrnehmung breit: Darum kümmert sich niemand.«

Dieser normale Wahnsinn ist es, der den Normalbürger verzweifeln lässt. Aber lieber verzweifelt er, als daran zu denken, dass jeder Bürger Verantwortung für den Zustand der Gesellschaft hat, in der er lebt. Und ist er mit dem Zustand nicht einverstanden, sollte er etwas dagegen unternehmen. Und sei es im Protest!

# Reden statt handeln

Die Bürger schlucken aber auch nicht alles. Wenn es um einzelne Projekte geht, die sie ablehnen, dann können sie für ihre – manchmal auch fragwürdigen – Positionen kämpfen. Das mag der lokale, »kleine« Protest gegen ein Flüchtlingsheim sein, so etwa 2015 eine Unterschriftenaktion im vornehmen Bürgerviertel von Harvestehude in Hamburg. Oder gegen die Ausweisung eines Sees als Naturschutzgebiet wie im Lauenburgischen. Das kann aber auch der »große« Protest sein, der manchmal sogar zu gewalttätigen Auseinandersetzungen führen kann, wie der gegen den Bau des Bahnhofs Stuttgart 21, wo sich die Demonstranten mit der Polizei heftige Schlachten lieferten. Oder die Abholzung des Hambacher Forstes zugunsten der Braunkohleförderung, wo es im Umfeld der Räumung sogar einen Todesfall zu beklagen gab. Das sind allerdings Proteste, wo es im Wesentlichen um individuelle oder lokale Interessen geht.

Wenigstens die Jugend müpft auf und politisiert sich. Unter dem Motto »Fridays for Future« versammeln sich seit Anfang 2019 in vielen deutschen Städten Schüler, die gegen die Klimapolitik und politische Versäumnisse im Klimaschutz protestieren. Sie wurden angeregt durch den Schulstreik der 16-jährigen schwedischen Schülerin Greta Thunberg, die seit Monaten freitags nicht zur Schule geht, um die Regierungen der Welt zu einer anderen Klimapolitik zu bewegen. In Freiburg versammelten sich am 18. Januar 2019 3500 Schüler am Friday for Future. Provokant schrieb eine Schülerin auf ihr Protestschild: »Wenn ihr nichts für unsere Zukunft tut, tu ich auch nichts für meine«. Doch genau an jener Bindung des Protests an die Unterrichtszeit entzünden sich immer wieder Diskussionen und lenken von den berechtigten Anliegen der jungen Menschen ab. In einer Reportage über die Freiburger Proteste zitiert die *Süddeutsche Zeitung* den Studenten Hannes Wagner: »Ich hab aufgrund der Untätigkeit der Regierung so ein bisschen den Glauben verloren, dass sich ohne Proteste etwas ändert. Es gibt nur unverbindliche Absichtserklärungen. Es müssen aber schnelle und drastische Veränderungen her. Bisher war der Klimawandel ja abstrakt, aber der letzte Sommer hat uns gezeigt: Es wird spürbar für jeden, und wir haben auf die Begleiterscheinungen überhaupt keine Antwort.«

Die Jugendrevolte nahm sogar weltweite Dimensionen an. Und nachdem die Grünen in Deutschland bei der Europawahl im Mai 2019 sensationell hinzugewannen, in den Wochen danach in Umfragen sogar für einen Moment zur stärksten Partei in Deutschland aufstiegen, begannen die schrumpfenden Volksparteien CDU und SPD ernsthaft über das Thema Klimapolitik zu reden.

In Deutschland scheint zur Regel geworden zu sein, dass Politiker lieber reden, als dass sie handeln. Oder ist richtig, was der Grünen-Vorsitzende Robert Habeck schreibt: »In der Politik ist Sprache das eigentliche Handeln«?

Seinem politischen Buch mit dem Titel *Wer wir sein könnten* setzt er als Erläuterung den Untertitel hinzu: *Warum unsere Demokratie eine offene und vielfältige Sprache braucht*. Tatsächlich drängt sich vordergründig der Eindruck auf, nach Jahren der politischen Sprachlosigkeit werde nun über Sprache gestritten.

Das beginnt spätestens 2015 mit Angela Merkels Satz: »Wir schaffen das!« Zwar hatten schon Wolfgang Schäuble 2006 auf der Islamkonferenz und Bundespräsident Christian Wulff in seiner Rede zum 20. Jahrestag der Deutschen Einheit 2010 gesagt, der Islam gehöre zu Deutschland, doch erst im Zusammenhang mit der Flüchtlingswelle löste diese Behauptung eine rege Diskussion zwischen empörtem Widerspruch und leidenschaftlicher Bestätigung aus. Damit, so Habeck, wurde »die Sprache selbst zum Gegenstand politischer Auseinandersetzung«. Und das verhinderte sinnvolles Tun anstelle von Reden, die die CSU in die Nähe der AfD rückten. Als Ministerpräsident von Bayern hätte Seehofer »juristisch« handeln können. Er meinte damit, gegen die Bundesregierung wegen des Zuzugs von Flüchtlingen zu klagen. Aber seinen Worten ließ er keine Taten folgen, um auf demokratischem Wege feststellen zu lassen und dann auch durchzusetzen, was rechtens sei. Er sprach nur in Drohgebärden.

Für die bis dahin bei Wahlen recht erfolglose AfD hingegen war der monatelange verbale Schlagabtausch um die Flüchtlingspolitik ein Segen. Gegründet als Anti-Europa-Partei, machte sie einen Rechtsruck hin zur Anti-Flüchtlings-Partei. Für die führende AfD-Politikerin Beatrix von Storch ist Angela Merkel seitdem »die größte Rechtsbrecherin der deutschen Nachkriegsgeschichte« – in Anlehnung an Seehofers Spruch von der »Herrschaft des Unrechts«. Und Alice Weidel, Fraktionsvorsitzende der AfD im Bundestag, twitterte Anfang 2018 von der »Unterwerfung unserer Behörden vor den importierten, marodierenden, grapschenden, prügelnden, messerstechenden Migrantenmobs, an die wir uns gefälligst gewöhnen sollen«. Ihr Reden hat Erfolg.

Hier ist Reden tatsächlich Handeln. Aber es ist kein Handeln im Sinne des Umsetzens demokratischer politischer Entscheidungen, sondern ein Handeln gegen die Gesellschaft, für eine Wahlkampagne, die Wähler des rechtsradikalen und nationalsozialistisch angehauchten Spektrums anziehen soll.

Hätten Politiker in Bund und Ländern so gehandelt, dass die Bürger in Deutschland von der Wirkungskraft des Mottos »Wir schaffen das!« überzeugt gewesen wären, hätte die AfD wohl kaum ihren Siegeszug in dieser Form antreten können. Das sieht man schon daran, dass spontan Hunderttausende Bürger überall in Deutschland aktiv gehandelt haben, indem sie die Flüchtlinge manchmal bis hin zur eigenen Erschöpfung betreut haben. Tausende haben gespendet, Tausende haben Sprachunterricht erteilt, Tausende haben in Unterkünften geholfen. Ohne die ehrenamtlichen Helfer hätten wir die akute Notlage nicht so schnell in den Griff bekommen.

Politisch zu handeln hätte bedeutet, sofort jene Kompetenzen zusammenzufassen, mit denen die Aufnahme und Integration von Flüchtlingen besser bewältigt werden kann. Doch bis heute ist mal der Bund, mal das Land, mal sind Kreis oder Ort für bestimmte Flüchtlingsfragen zuständig. Die Politik wäre klug beraten gewesen, Entscheidungswege zu vereinfachen und zu bündeln. Doch politische Macht zu zentralisieren, widerspricht der gewachsenen Identität der Deutschen, denen die Verteilung von Entscheidungen bis auf die kommunale Ebene so heilig zu sein scheint, dass sie selbst in vernünftigen Fällen nicht angetastet werden darf.

Politisches Handeln hätte mittelfristig aber auch bedeuten müssen, ein Einwanderungs- oder Migrationsministerium einzurichten und ein Einwanderungsgesetz zu verabschieden. Doch immer noch gibt es lediglich eine Staatsministerin für Integration, und es hat mehr als drei Jahre gedauert, bis die Politik sich zumindest auf ein Fachkräfte-Einwanderungsgesetz einigen konnte.

Und es wäre geboten gewesen, die Frage der Gewährung von Asyl neu zu regeln und das Abschieberecht den veränderten Gegebenheiten anzupassen. Denn Deutschland steht wegen seiner Geschichte vor besonderen Herausforderungen hinsichtlich der Asylfragen: Als Folge des Ausmaßes von Flucht und Verfolgung, ausgelöst durch die NS-Diktatur und den Zweiten Weltkrieg, verankerten die Väter und Mütter des Grundgesetzes vor dem Hintergrund der Erfahrungen mit politischer Verfolgung im »Dritten Reich« 1949 das Recht auf Asyl im Grundgesetz. In Artikel 16, Absatz 2, Satz 2 hieß und heißt es heute in Artikel 16a, Absatz 1: »Politisch Verfolgte genießen Asylrecht.« Die Verfassung garantiert damit ein einklagbares Individualrecht auf Asyl.

Als aber Anfang der Neunzigerjahre erheblich mehr Asylbewerber nach Deutschland kamen, geriet der Asyl-Artikel des Grundgesetzes zunehmend in Kritik, was 1993 zum »Asylkompromiss« führte: Union, FDP und SPD setzten eine Grundgesetzänderung durch, wonach Ausländer, die über einen sicheren Drittstaat einreisen, keinen Anspruch mehr auf Asyl hatten. Zudem legt der seither gültige Artikel 16a des Grundgesetzes fest, dass Menschen aus »sicheren Herkunftsstaaten«, in denen keine Verfolgung oder unmenschliche Behandlung droht, keinen Anspruch auf Asyl haben. Diese Regelung entspricht inzwischen europäischem Recht. Verfolgten Asyl zu gewähren, ist also ein moralisches Gebot, aber es gilt eben nicht bedingungslos.

Das sollte sich in politischem Handeln zeigen. Nur so kann der Staat die Deutungshoheit über den Sinn und die Berechtigung unseres Asylrechts zurückerlangen. Zurzeit aber ist es beispielsweise so: Straftaten, die von abgelehnten, aber noch zum Teil illegal in Deutschland lebenden Asylbewerbern begangen werden, werfen die berechtigte Frage auf, weshalb diese Personen noch nicht abgeschoben sind. Eine Antwort aber hat die Regierung nicht. Die populistischen Kampagnen zu einigen – zugegeben traurigen – Fällen treiben den radikalen Parteien wie der AfD Wähler zu und führen zu einer zunehmenden Ablehnung des wichtigen Asylgebots.

Im Jahr 2018 stellten rund 185 000 Personen einen Antrag auf Asyl, allerdings wird nur weniger als 1,5 Prozent der Antragsteller in Deutschland tatsächlich Asyl gewährt. Wer kein Asyl erhält, wird häufig geduldet, das heißt, er darf legal im Land bleiben. Und das sind die meisten. Andere werden zur Ausreise verpflichtet, die wenigsten kommen dieser Pflicht aber nach. Manche tauchen unter oder leben unbehelligt einfach weiter in Deutschland. Manche weisen gesundheitliche Probleme nach, oder ein fehlender Pass verhindert die Abschiebung. Nicht wenige derjenigen, die nicht aus politischen Gründen kommen, sondern weil sie Fantasievorstellungen von einem angeblich paradiesischen Leben in Deutschland haben, beantragen Asyl mit falschen Angaben, halten sich nicht an die hiesigen Werte und sind an einer Integration gar nicht interessiert.

Dem deutschen Rechtsstaat fällt es schwer, sich dagegen durchzusetzen. Obwohl das nicht sein müsste!

Der Fall, den der Amtsrichter Stephan Zantke aus Zwickau in seinem Buch *Wenn Deutschland so scheiße ist, warum sind Sie dann hier?* schildert, ist dafür symptomatisch: Es geht um Abdul K., der sich im Hochsommer 2015 als libyscher Kriegsflüchtling ausgibt und Asyl beantragt. (Später wird ein Dolmetscher vor Gericht aussagen, dass Abdul K. offensichtlich kein Libyer sei, vermutlich ein Tunesier.) Er wird in einer Flüchtlingsunterkunft in Zwickau untergebracht, begeht dort »mehrere Straftaten, weswegen Geldstrafen gegen ihn verhängt werden«. Das schreckt Abdul K. nicht ab. Immer wieder wird die Polizei gerufen, wenn er gewalttätig wird. Er schimpft über die »Scheißdeutschen«, über »dieses Scheißland«, die »Scheißnazis«. Kommt immer wieder in Polizeigewahrsam für eine Nacht, bespuckt auf der Wache eine Polizeimeisterin. »Am nächsten Morgen wird er wieder freigelassen. Und taucht erst einmal unter«, so Richter Zantke. Dieses

Spiel wiederholt sich regelmäßig. Schließlich wird Abdul K. vor einem Schöffengericht der Prozess gemacht. Als die Zeugen erzählen, dass der Angeklagte sie als »Scheißdeutsche« in einem »Scheißdeutschland« beschimpft, wird es Richter Zantke zu viel. Er fragt den Angeklagten: »Sie sprechen von Scheißdeutschland. Von Scheißdeutschen. Warum sind Sie dann hier, wenn hier alles so scheiße ist?« Abdul K. hat keine Antwort.

Das aus drei Richtern bestehende Schöffengericht verurteilte ihn schließlich zu zwei Jahren und sechs Monaten Haft, doppelt so viel, wie die Staatsanwaltschaft gefordert hatte. Und Richter Zantke erlebte eine kaum fassbare öffentliche Erregung. Die *Bild*-Zeitung machte seine Frage zur Schlagzeile. Die Reaktionen waren heftig. Zantke polarisierte: »Richter Klartext« oder »Richter Gnadenlos«. Journalisten fragten nach, ob er Mitglied der AfD sei. Zantke stellte klar: »Ich bin weder auf dem rechten noch auf dem linken Auge blind«, spielt aber in seinen pointierten Aussagen natürlich mit den Vorurteilen der Menschen. Der Beifall aus der rechten Ecke ließ entsprechend auch nicht lange auf sich warten.

Derweil die öffentliche Debatte tobte, verließ Abdul K. das Gericht als freier Mann. Sein Urteil war zu dem Zeitpunkt nicht rechtskräftig, denn sein Verteidiger legte Berufung ein. Zur Berufungsverhandlung erschien Abdul K. nicht. Keiner weiß seitdem, was aus ihm geworden ist.

Nun ist eine schnellere Abschiebung von abgelehnten Asylbewerbern, die in Deutschland wiederholt Gewalttaten verübt haben, inzwischen weitgehend unumstritten. Selbst die Grünen-Vorsitzende Annalena Baerbock sagte in einem Interview mit der *Süddeutschen Zeitung:* »Asylbewerber, die unsere Rechtsordnung nicht akzeptieren und vollziehbar ausreisepflichtig sind, sollten bei der Abschiebung vorgezogen werden.« – Aber abzuschieben ist gar nicht so einfach. So ist etwa das Land Hessen mit dem Versuch gescheitert, einen wegen zahlreicher Straftaten verurteilten afghanischen Flüchtling abzuschieben. Er war nach Kabul geflogen worden, von dort schickten ihn die afghanischen Behörden jedoch nach Deutschland zurück mit der Begründung, seine Identität sei nicht klar. Also wurde er hier wieder in eine Haftanstalt gesperrt.

Auch deshalb verlieren immer mehr Deutsche das Vertrauen in den Rechtsstaat. Vertrauten 2013 laut einer EU-Umfrage noch 77 Prozent der Befragten dem Gerichtswesen, waren es 2018 laut einer Civey-Umfrage nur noch 41 Prozent. Doch wenn das öffentliche Vertrauen in den Rechtsstaat schwindet – was selbst bei Politikern der Fall ist, die von »Willkür an deutschen Gerichten« (Norbert Blüm, CDU), »Versagen« und »Verzug« (Peer Steinbrück, SPD) oder gar vom Widerspruch zum »Rechtsempfinden der Bevölkerung« (Herbert Reul, CDU) sprechen –, wird die Bevölkerung die Rechtsprechung nicht mehr nur als eine Aufgabe von Richtern sehen, sondern ihr Bauchgefühl und ihr subjektives »Volks«-Empfinden zum Maßstab erklären. Wie gefährlich das ist, beweisen die Urteile im Namen des »gesunden Volksempfindens« vor 75 Jahren.

Aber nicht nur im Umgang mit ausländischen Straftätern scheint die Justiz noch keinen überzeugenden Weg gefunden zu haben. Auch auf dem rechten Auge scheint sie blind. So berichtete die Gerichtsreporterin der *Süddeutschen Zeitung*, Annette Ramelsberger, Anfang Januar 2019, dass »Staatsanwaltschaften rechte Hassverbrechen verharmlosen«. Ihr Beleg: »Immer wieder stellen Staatsanwälte Verfahren gegen Rechte ein, die andere bedrohen – mit teils absurden Begründungen. Einem Mann, Mitglied in einem Kampfsportverein in Rostock, der Journalisten mit den Worten bedrohte: ›Die Wahrheit oder eure Köpfe auf den Tisch‹, bescheinigte eine Rostocker Staatsanwältin, harmlos zu sein. ›Es wird damit nicht eindeutig ein zukünftiges Verbrechen angedroht, sondern eher sprichwörtlich zur wahrheitsgemäßen Berichterstattung aufgefordert‹, schrieb die Staatsanwältin.« Doch das sei kein Einzelfall, so Ramelsberger: Am Rande einer Demonstration zum Maifeiertag in Halle machte Carsten M. mit seinem Auto Jagd auf Menschen, bewarf sie mit Steinen, wobei auch Mitglieder einer Wandergruppe getroffen wurden. »Carsten M. stoppte mit seinem Auto neben den Wanderern und schlug unvermittelt mit einem dicken Starkstromkabel auf einen Mann ein. Er erlitt eine Gehirnerschütterung und eine Platzwunde ...« Carsten M. und seine Freundin Martina H. trugen dabei schwarze T-Shirts mit der Aufschrift »Aryans – Support your race«. Daraufhin bekam er Besuch von Spezialkräften der Polizei, die seine Wohnung in Hessen durchsuchten. Sie fanden mehrere Pistolen und andere Waffen, zudem SS-Flaggen, Aufkleber der aktiven Neonazi-Gruppierung »Division Braune Wölfe« und ein Schild mit dem Aufruf: »Volksgenosse, trittst Du ein, soll Dein Gruß ›Heil Hitler‹ sein.« Die Staatsanwältin in Halle hielt den Fall für »typisches Alltagsgeschäft« des Amtsgerichts, denn: »Die von den Angeklagten gezeigte Aggressivität geht nicht über das hinaus, was bedauerlicherweise im Umfeld sogenannter politischer Veranstaltungen inzwischen üblich ist.«

Die Anwälte der verletzten Wanderer, Henriette Scharnhorst und Sebastian Scharmer, beantragten die Abberufung der Staatsanwältin: »Man kann das Gefühl bekommen, dass sich der Duktus der AfD auch in die Schriftsätze der Justiz einschleicht.«

Die in diesen Beispielen deutliche Verharmlosung beschränkt sich jedoch nicht auf rechte Gewalt. Gespenstisch ist erst recht, so Friedenspreisträgerin Carolin Emcke, wie der Fall um den Hacker, der Daten Hunderter Politiker und Prominenter veröffentlichte, verharmlost wurde. Der junge Mann hatte die Daten geleakt, weil er »verärgert« war über die Äußerungen der Betreffenden. AfD-Leute waren nicht dabei. Denen scheint er nahzustehen, denn er hatte in unterschiedlichen Foren Äußerungen wie »islam is dreck« oder »So leute, jetzt wisst ihr wieso die NSDAP wiederkommen wird« gemacht. Das Innenministerium und verschiedene Ermittlungsbehörden bemühten sich, das Geschehene herunterzuspielen: Ein »dominantes politisches Motiv« des jugendlichen Täters erkannten sie nicht. »Was ist denn dann ein politisches Motiv?«, fragt Carolin Emcke in einem Kommentar in der *Süddeutschen Zeitung.* »Wie dominant müssen rassistische, revisionistische Ideen sein, damit jemand von den Ermittlungsbehörden als rassistisch und revisionistisch eingestuft wird? Wird ein Bett bei den Eltern bereits als relativierender Faktor gewertet? Gelten islamophobe Parolen inzwischen als unpolitischer Konsens?«

Ein starker Rechtsstaat verhält sich anders.

Inzwischen ist die AfD die stärkste Oppositionspartei im Bundestag und sitzt in allen Landtagen, auch bei der Europawahl festigte sie ihren Platz im Parteiengefüge. Viele ihrer Wähler sind frühere CDU- und SPD-Anhänger. Zunächst kann man vermuten, dass die meisten sich nicht wegen der populistischen, rechtsradikalen Sprache umorientierten, sondern aus Protest, weil sie darunter leiden, dass die Regierenden, welcher Couleur auch immer nicht so handeln, dass die spürbaren Probleme der Bürger in Angriff genommen werden.

»AfD-Wähler sind keine harmlosen Protestwähler«, meint dagegen Manfred Güllner, Chef des Meinungsforschungsinstituts Forsa in einem Interview mit dem *Hamburger Abendblatt* am 11. Januar 2019. »Die AfD wird gewählt von dem immer vorhandenen Potenzial von für rechtsradikales und fremdenfeindliches Gedankengut Anfälligen. Dieses Potenzial hat aber nicht immer rechtsradikale Parteien gewählt wie etwa die Glatzköpfe von der NPD. Ein radikalisiertes Segment der Mittelschicht hat sich lange hinter anderen Parteien versteckt oder gar nicht gewählt, ist aber jetzt zur AfD übergelaufen.«

Ob Protestwähler oder nicht, der Befund ist besorgniserregend. Bisher hielten Tabus, die aus der deutschen Geschichte resultieren, die Mehrheit der Wähler davon ab, einer rechtsradikalen Partei ihre Stimme zu geben. Denn zur deutschen Identität gehören nun einmal die Vergangenheit des Nationalsozialismus – der Zweite Weltkrieg, all seine Gräuel, die Verfolgung von Juden und Andersdenkenden, die Konzentrationslager und Vernichtung von sechs Millionen Menschen. Deshalb hat die NPD es zwar in einige Landtage, aber nie in den Bundestag geschafft. Die AfD geht subtiler vor. Sie macht sich die Rhetorik des »Das wird man doch wohl mal sagen dürfen!« zunutze und spielt mit dem Wunsch vieler Deutscher nach einem Schlussstrich.

Die Zeit des Nationalsozialismus rückt immer weiter in die Ferne. Die deutsche Teilung, die einst in der Bundesrepublik von Intellektuellen – allen voran Günter Grass – die Strafe für Auschwitz genannt wurde, ist seit mehreren Jahrzehnten überwunden und hat andere Ansätze für die Frage nach der kollektiven Identität geschaffen. So ist Raum entstanden für neue Verhandlungen zur Frage: Was ist eigentlich deutsch? Und: Wer ist eigentlich Deutscher?

Befördert wurde diese Debatte durch die Einwanderung. Zwischen 1991 und 2016 kamen 26,7 Millionen Menschen. Dass dieser Zahl des Statistischen Bundesamts 19,2 Millionen Fortzüge gegenüberstanden, ist Zeichen der mobiler werdenden Welt. Doch in der Wahrnehmung stand die Flucht nach Deutschland im Zentrum und löste bei vielen Menschen eine Angst vor dem Fremden aus. Diese Entwicklung ist kein rein deutsches Phänomen. Die durch eine weltweite Flüchtlingskrise ausgelöste Sorge um die eigene Identität hat sich in den letzten Jahren in ganz Europa, ja sogar in den USA verbreitet. Das Bedürfnis nach einer Verwurzelung im Eigenen ist unterschätzt worden, weshalb nationales Denken wieder an Bedeutung gewonnen hat.

Die beschleunigte Globalisierung, das Aufweichen von Grenzen lässt viele Menschen befürchten, sie könnten in einer Weltgemeinschaft ihre eigenen Wurzeln verlieren.

»Zu der Angst vor dem Fremden hat sich die

Angst vor der Entfremdung von sich selbst gesellt«, so meint Joachim Gauck bei einem Vortrag an der Heinrich-Heine-Universität Düsseldorf im Januar 2018, »weil das Eigene von den neuen Entwicklungen ausgehöhlt und überwölbt zu werden droht.«

Diese Ängste haben in Deutschland in den letzten Jahren zu einem Unwohlsein bei den Bürgern geführt. Und so ist die Frage nach ihrer kollektiven Identität immer stärker zu einer zentralen Frage der gesellschaftlichen Auseinandersetzung geworden.

Der Grünen-Vorsitzende Robert Habeck nennt sein neuestes Buch deshalb *Wer wir sein könnten*. Das ist der zukunftsorientierte Blick. Heute stellt sich erst einmal die elementare Frage: Wer sind wir? Was ist unsere nationale Identität?

Von einem neuen Phänomen wird gesprochen, das die liberale Gesellschaft bedrohe: die Identitätspolitik. Besonders der amerikanische Politologe Francis Fukuyama – der einst mit dem »Ende der Geschichte« Furore machte, weil er meinte, das Ende des Kommunismus bedeute das Ende der großen ideologischen Auseinandersetzungen – sieht die liberalen Demokratien in Gefahr, wenn sie keine Antwort auf das fänden, was er die Identitätspolitik nennt. Damit meint er, dass demokratische Gesellschaften in Segmente mit immer enger gefassten Identitäten zersplittern, »was die Möglichkeiten gesamtgesellschaftlicher Erwägungen und kollektiven Handelns« gefährde. Minderheiten betonen eine

Besonderheit ihres Wesens und nennen sie dann »Identität«. Identität als Homosexuelle, als Migrant, als Kind einer ethnischen Minderheit. Diese Besonderheiten sind aber nur Teile einer Identität.

Fukuyama begeht meines Erachtens einen Fehler: Sein soziologischer Identitätsbegriff ist zu eng gefasst. Identitäten »zersplittern« nicht, denn sie sind keine fest gefügten Strukturen. Selbst wenn die meisten in Deutschland lebenden Menschen von der »deutschen« Identität beeinflusst sind, so ist doch jeder Einzelne nur mit sich selbst identisch. Kollektive Identität beschreibe ich gern als eine Zwiebel. Alle Zwiebeln sind als Zwiebeln erkennbar. Doch jede Zwiebel hat Tausende kleiner Häute, die jeweils etwas anderes bedeuten.

Die Identität eines jeden Menschen ist aus verschiedenen individuellen und kollektiven Merkmalen zusammengesetzt. Und je nach Bildung, Reflexions- und Kritikfähigkeit übernimmt jeder Mensch aus den kollektiven Merkmalen Elemente für seine eigene Identität.

Er sei ein Mann, ein Professor, ein Pariser – all diese Dinge, so Alfred Grosser, machten ihn aus: »Natürlich bin ich auch Franzose. Was bedeutet das als Identität? Einerseits dass ich einer Nation angehöre, die sich nicht durch Bescheidenheit auszeichnet. Ich zitiere gerne General de Gaulle, der in einer Fernsehsendung sagte: ›Unsere Ziele, die, weil sie französisch sind, im Interesse aller Menschen liegen.‹ Wenn da ein Teil meines französischen Publikums nicht lachen sollte, dann sage ich: Ich habe mich geirrt. Es war Helmut Kohl, der gesagt hat: ›Unsere Ziele, weil sie deutsch sind, liegen im Interesse aller Menschen.‹ Da geht ein Schaudern durch den Saal! Das ist die negative Seite der französischen Identität.«

Dass Fukuyama den Begriff *Identität* falsch benutzt, ist gefährlich. Denn tatsächlich möchte er die größeren Gemeinwesen zu einem kollektiven Bewusstsein aufrufen – eine Rückkehr zum nationalstaatlichen Denken der Vergangenheit, so als sei es notwendig, ganz im Sinne von Jean-Jacques Rousseau, sich wieder auf die Inhalte eines Gesellschaftsvertrags zu einigen. Ein wachsender Sinn für das gemeinschaftliche Denken, ein Bekenntnis zum Gemeinwohl können durch das Bekenntnis zu einer modernen kollektiven Identität gefördert werden. Doch die Suche nach der kollektiven Identität darf kein Rückfall in das nationalstaatliche Denken sein.

Eines ist auf jeden Fall richtig und wichtig: die Frage zu stellen, was kollektiv verhandelt werden muss, anstatt in einzelnen Gruppen der Gesellschaft isoliert diskutiert zu werden. Dieses Thema beschäftigt als Folge der Globalisierung viele Gesellschaften.

Dazu gehört auch die deutsche Gespensterdebatte über den Islam: »Der Islam gehört zu Deutschland« oder »Der Islam gehört nicht zu Deutschland«. Beide Sätze sind Leerformeln. Schlichtweg Unsinn.[*]

Denen, die finden, der Islam gehöre zu Deutschland, aber auch jenen, die den Satz ablehnen, geht es weder grundsätzlich um Deutschland noch um die Religion der Muslime, sondern um eine Auseinandersetzung über die deutsche Identität. Und ich fürchte, sie merken es noch nicht einmal.

Es ist allzu offensichtlich: Wer den Islam als zu Deutschland gehörig bezeichnet, will die Gefühle seiner aufgeklärten Wähler mobilisieren, weil er hofft, dass sie in ihm einen modernen, toleranten Menschen sehen. Ginge es wirklich um den Islam, dann müssten sich die Islamverbände der deutschen Muslime in erster Linie angesprochen fühlen, doch sie nehmen an dieser Debatte gar nicht teil.

Diejenigen, für die der Islam nicht zu Deutschland gehört, nutzen wiederum Fremdenfeindlichkeit für ihre politischen Zwecke. Sie adressieren die Befürchtungen ihrer Wähler, die im Erstarken des muslimischen Bevölkerungsanteils per se eine Schwächung etwas diffus »Deutschen« sehen.

Und auf der anderen Seite handeln auch die auf ihre fremde Herkunft Verweisenden problematisch.

---

[*] Ich habe mich zu diesem Thema im Juni 2018 ausführlich in einem Essay für den *Spiegel* unter dem Titel *Die Deutschen sind sich fremd* geäußert, dessen Überlegungen auch hier einfließen.

Der in der Türkei geborene deutsche Autor Feridun Zaimoglu urteilt in einem Interview 2018, die meisten Ausländervereine hätten sich »als Heimatvertriebenenverbände konstituiert ... Ich sehe, dass sie ... sich in Beleidigungsritualen ergehen. Ich sehe Geschrei. Wir sind hier in Deutschland, und ich glaube, das haben sie nicht realisiert, und das wollen sie auch nicht realisieren.« Sie betonten das Fremde, das Andere – und nicht das Dazugehören. Aber insofern habe Seehofer recht, so Zaimoglu, und er fügt auch gleich hinzu: »Seehofer hat gesagt, was er gesagt hat, und dazu könnte man auch sagen: Es ist doch tatsächlich wahr, dass in der deutschen Geschichte das islamische Moment bislang keine Rolle spielte.«

Eines haben beide Positionen gemein: Sie wollen Menschen voneinander abgrenzen. Nach dem Motto: Wer die kollektive Identität der Deutschen nicht so interpretiert wie ich, der ist ein minderer Mensch. Bist du für/gegen den Islam in Deutschland, bist du – je nachdem – ein guter oder schlechter Mensch.

Das Missverständnis, deutsche Identität mit dem Islam in Verbindung zu bringen, beruht auf einer schlichten Tatsache: Die Deutschen sind sich selber fremd. Unbewusst hadern sie mit dem Deutschsein. Sie verlagern die Auseinandersetzung um die deutsche Identität auf den Nebenkriegsschauplatz »Islam«. Der Islam gehört zu Deutschland, sagen die, die sich als modern empfinden, und fügen gleich hinzu, eine deutsche Identität gebe es nicht. Ein Widerspruch in sich. Was macht dann das Deutschsein aus?

Ich habe es immer wieder erlebt, dass der Begriff *Identität* vielen deutschen Politikern und Publizisten dann besonders unheimlich ist, wenn er nicht nur auf eine Person, sondern auf »die Deutschen« als Gesamtheit bezogen wird. Das würde ja bedeuten, dass alle Deutschen etwas gemein hätten. Aber kollektive Identitäten sind so manchem Deutschen suspekt, denn sie »enden notorisch in der Uniformierung oder mit dem Ausschluss von Individuen«, so schreibt die *Süddeutsche Zeitung*. »Um jemanden zu diskriminieren, zu vertreiben und im Extremfall zu töten, muss man ihn nur möglichst vereinfachend identifizieren ... Wer diesen begrifflichen Kadaver noch einmal aus der Gruft zerrt, beweist also nur eines: Mut zur Peinlichkeit.«

Kritiker des Identitätsbegriffs meinen, »Identität« könne man nicht haben, sie werde nur von der Obrigkeit verlangt zum Zweck der Verwaltung und Kontrolle ihrer Untertanen. Ähnlich argumentiert der französische Philosoph Michel Serres, der sich gegen den Gebrauch des Wortes wehrt, wenn es sich nicht um die Einzigartigkeit einer Person, sondern um eine kollektive Zuordnung handelt.

Serres geht 1999 bei seiner Argumentation im Vorwort des Buches *Les arbres des connaissances* von dem Wort *carte d'identité*, der französischen Bezeichnung für Personalausweis, aus. Dieser Ausweis, der die »identité« – Identität – einer Person festlegt, registriert einige Daten: das Aussehen auf einem Foto, Name, Vorname, Geburtsdatum, Geschlecht und Nationalität. Diese Fakten machen die amtlich festgestellte Identität aus und reichen zur Not der Polizei, um jemanden zu identifizieren, wiederzuerkennen.

Auf der *carte d'identité* stellen allerdings nur die willkürlich zugeteilte Ausweisnummer und das Foto die Einzigartigkeit der Person dar. Das Foto aber verändert und wandelt sich mit dem Prozess des Alterns. Name und Vorname sind selbst in weniger geläufigen Kombinationen nicht einmalig.

So gab/gibt es sowohl einen Professor für evangelische Theologie wie auch einen Journalisten, beide namens Ulrich Wickert. Der Theologe erhielt Schmähbriefe von einem erzürnten Fernsehzuschauer, der Fernsehjournalist freundliche Post von einem Priester aus Taizé, der sich noch gern an die Gebete des vermeintlichen Theologen erinnerte. Ein Leser erwarb im Jahr 2010 ein theologisches Buch mit dem Titel *Heller als die Sonne*, hinterher allerdings bekannte er: »Als ich dieses Taschenbuch bestellte, glaubte ich, dass der Autor der *Tagesthemen*-Moderator Ulrich Wickert ist. Als ich das Buch dann hatte, stellte ich fest: Der Autor ist der evangelische Theologe und Wissenschaftler Prof. Dr. Ulrich Wickert (1927–2009). Von ihm wusste ich bisher nichts und las deshalb mit Neugier sein Buch.«

Erst die Verbindung mehrerer Daten, von Namen und Vornamen mit Geschlecht und Geburtsdatum, schränkt die Auswahl zwischen mehreren Personen gleichen Namens ein. Hinzu kommt dann die Staatsbürgerschaft, die Nationalität. Sie bedeutet auf dem Ausweis nur die rechtliche Zuordnung zu einem staatlichen Gebilde und hat nichts mit Herkunft, Hautfarbe, Religion etc. zu tun. Je mehr biologische Eigenschaften (Geschlecht, wobei das dritte Geschlecht eine Offenlassung ermöglicht), Zugehörigkeiten (Nationalität) und Merkmale (Haarfarbe) zusammengetragen werden, um eine Person zu beschreiben, desto genauer lässt sich ihre »bürokratische« Identität feststellen.

Schwerer zu erkennen und anzugeben sind die Charaktereigenschaften einer Person, die auch eine Rolle für die Ausbildung ihrer ganz eigenen Identität spielen. Denn die Identität einer Person (oder einer Sache) ist die völlige Übereinstimmung mit dem, was sie ist oder als was sie bezeichnet wird. Etwas ist immer nur mit sich und nie mit etwas anderem identisch.

So können zwei Dinge zwar gleich sein, aber nie identisch.

Von dieser Definition geht Michel Serre es aus, wenn er sagt: Die Identität macht die Einzigartigkeit einer Person aus. Kein Mensch ist mit einem anderen identisch, aber alle Menschen sind gleich. Das heißt, jedes Individuum verfügt über eine in sich einzigartige Persönlichkeit, aber alle sind gleich vor dem Gesetz, unabhängig von ihrer Stellung in Staat und Gesellschaft, von Familie und Geschlecht, von Beruf und Religion, von Aussehen und Kultur.

Durch die einzigartige Identität, so Serres, »sind Sie Sie selbst und niemand anders«. Deshalb verbiete es sich, von *kollektiven* Identitäten zu sprechen. Serres unterscheidet Identität von Zugehörigkeit. Durch die Zugehörigkeit zu einer Kollektivität »gehören Sie zu den Franzosen oder den Algeriern, zu den Braunhaarigen oder den Glatzköpfigen ...« Und da jeder Mensch sich im Laufe seines Lebens weiterentwickelt und hinzulernt, verändert er auch ständig seine Identität.

Michel Serres macht auch klar, weshalb er so vehement Stellung bezieht gegen den Gebrauch von *kollektiven* Identitätsmerkmalen bei der Beschreibung von Menschen. Er wendet sich gegen die rechtsextreme Argumentation, wonach der Begriff der *identité nationale* für rassistische Parolen gegen die maghrebinische Bevölkerung in Frankreich benutzt wird. Wer die – nach Meinung der Rechtsradikalen – *richtige* Identität hat, wird in das Kollektiv aufgenommen, wer dem rechtsradikalen Identitätsbegriff nicht entspricht, der wird ausgeschlossen. Damit meinte Jean-Marie Le Pen, der Gründer des Front National: Frankreich gehöre den Galliern, Araber hätten hier nichts zu suchen.

Vergleichbar argumentiert auch Thomas Steinfeld in der *Süddeutschen Zeitung*, allerdings geht er noch weiter: »Die reaktionäre Variante der Identität ist kein Privileg ›rechter‹ Kräfte. Reaktionär ist auch der volkstümliche ›linke‹ Gebrauch dieser Kategorie: Gerne bewundert das fortschrittliche Gewissen Menschen, die auf der ›Suche nach ihren Wurzeln‹ sind – als wären sie am liebsten Pflanzen.«

Aber verfügen Pflanzen nicht sichtbar über kollektive Merkmale? Rosen sind erkennbar Rosen, Eichen sind erkennbar Eichen, Reben sind erkennbar Reben.

Wenn Steinfeld sich lustig macht über Menschen mit »fortschrittlichem Gewissen«, die nach ihren Wurzeln suchen, so möge er doch nicht übersehen, dass es Menschen gibt, die aus ganz persönlichen, nicht aus irgendwelchen politischen Gründen – rechts oder links – nach ihren Wurzeln suchen.

Adoptierte Kinder wollen, einmal erwachsen, plötzlich ihre wahre Mutter oder ihren Vater finden. Menschen, die durch Samenspenden gezeugt wurden, kämpfen um das Recht, den Namen ihres biologischen Vaters zu erfahren. Sie wollen wissen, wer sie sind.

Wer nur die Theorie sieht, versteht die Bedürfnisse des Menschen nicht. Unter der grausamen Militärdiktatur in Argentinien wurden viele Regimegegner ermordet, ihre Kinder in fremde Familien gegeben. Jahrelang haben sich später die »Großmütter der Plaza de Mayo« auf die Suche nach ihren Enkeln begeben. So fand »Chicha« Mariani nach fast 24 Jahren Suche Gabriel, den Enkel ihrer Freundin. Ein Gentest bestätigte die Verwandtschaft. Als ein Geheimkommando seine Mutter Maria verschwinden ließ, war Gabriel drei Monate alt. Gabriel Cevasco, der selbst nach seinen Wurzeln gesucht hatte, sagte in einem *Weltspiegel*-Bericht: »Das war das stärkste überhaupt vorstellbare Gefühl in meinem bisherigen Leben. Du wirst mit 24 plötzlich neu geboren. Jemand sagt dir: Dies ist dein richtiger Vater. Dies ist das Bild deiner richtigen Mutter. Und das ist ab jetzt dein wirklicher Name. Ich hatte plötzlich neben meinem leiblichen Vater auch meine Tante zurück, die mich ihr ganzes Leben gesucht hat.«

Der Mensch möchte nun einmal seine Wurzeln kennen. Ist das nicht auch eine der tieferen Ursachen, weshalb Religionen wie das Christentum erfunden wurden, um Gläubigen zu erklären, ihre Wurzeln führten zurück bis zu Adam und Eva?

Der Begriff *Identität* wird in verschiedenen wissenschaftlichen Disziplinen unterschiedlich benutzt. Die Psychologie geht davon aus, dass sich die Identität einer Person aus ihrer Wahrnehmung entwickelt. Jede hat ihre eigene Innenwelt und dadurch eine ihr eigene Art, die Welt zu sehen und sich darin zu platzieren. Ihre Innenwelt sagt ihr, wer sie ist, und sie entwickelt ihre Identität. Aber diese Innenwelt ist abhängig von der Außenwelt.

Denn jede Person nimmt wahr, wie die Außenwelt auf sie reagiert. Und diese Wahrnehmung wird verarbeitet, was wiederum meist zu einer Veränderung der Innenwelt führt. Da ein Mensch während seines Lebens immer neuen, wechselnden Eindrücken ausgesetzt ist, verändert sich seine Identität. So gibt es keine festgeschriebene, unveränderliche Identität.

Persönlich habe auch ich mich lange mit der Frage nach der Existenz einer »kollektiven« oder gar »nationalen« Identität gequält. Gibt es sie, oder etwa nicht? Als ich in den Achtzigerjahren in Frankreich als ARD-Fernsehkorrespondent arbeitete, erschienen die drei Bände *L'identité de la France* des Historikers Fernand Braudel. Ich habe daraus viel über Frankreich gelernt, so viel, dass ich sogar eine Dokumentation über die gesellschaftliche Rolle der französischen Großfamilie für *Das Erste* drehte.

Braudel geht mit den Begriff *nationale Identität* sorgsam um. Er weiß, dass dieser Begriff nicht politisch, weder rechts noch links, interpretiert werden darf, denn er ist »das lebendige Resultat alles dessen, was die unbeendbare Vergangenheit in aufeinanderfolgenden Schichten geduldig deponiert hat – ganz so, wie die kaum wahrnehmbaren Ablagerungen des Meeres mit der Zeit die mächtigen Aufwerfungen der Erdkruste gebildet haben«.

Viele Deutsche hatten und haben offensichtlich Angst vor den »mächtigen Aufwerfungen« in der deutschen Identität, denn dazu gehört auch die deutsche Geschichte zwischen 1933 und 1945.

Wie belastend dieses Wissen sein kann, habe ich persönlich gespürt. Ich bin als ein in Tokio geborener Deutscher erst sehr viel später, durch Lernen besonders im Ausland, bewusst zum Deutschen geworden.

An einem Frühlingstag saß ich mit meinem Bruder im Café de Flore am Boulevard Saint-Germain. Eine ältere Französin nahm in der Sonne Platz – *à la terrasse*, wie die Franzosen den Platz auf dem Gehweg nennen, den Bistrowirte mit Tischen vollstellen. Weil es warm war, zog sie ihre Jacke aus. Sie trug eine Bluse mit kurzen Ärmeln, und auf ihrem Unterarm war deutlich eine eintätowierte KZ-Nummer zu sehen. Wir hatten gerade deutsch gesprochen. Jetzt verstummten wir. Würde der Klang deutscher Worte diese Frau nicht verletzen? Ich schämte mich. Wir sind bald schweigend gegangen. Das war etwa zwanzig Jahre nach Kriegsende. Diese kurze persönliche Begegnung mit der deutschen Vergangenheit habe ich bis heute nicht vergessen. Inzwischen haben sich viele, auch weit bedrückendere Erlebnisse hinzugesellt.

Wenn ich damals in meinen Zwanzigern nach meiner Nationalität gefragt wurde, lautete die Antwort: »In meinem Pass steht: deutsch.« Darin lag eine klare und bewusst geäußerte Distanzierung vom Deutschsein. Aber im Ausland wurde dieses künstliche Abstandnehmen von der eigenen Nationalität nicht akzeptiert. Wenn »deutsch« im Pass stand, dann gehörte ich zu dem Volk, das den Zweiten Weltkrieg angefangen und dessen Armeen Millionen von Kindern, Frauen, Männern erschossen haben, das die Konzentrationslager und die Gaskammern gebaut hat. Punktum. Selbst wenn ich bei Kriegsende erst zweieinhalb Jahre alt war, ließ sich nicht daran rütteln, dass ich Deutscher war.

Ich habe aber auch gelernt, dass mit der nationalen Identität nicht notwendigerweise ein Stigma an mir persönlich haftet. Deshalb brauche ich mich nicht vor der deutschen Identität zu fürchten.

Die Entwicklung der persönlichen Identität endet nie. Auf das Erlebnis im Bistro folgten – der Journalistenberuf bringt es mit sich – noch andere.

Zweiundvierzig Jahre nach der Befreiung der Deutschen vom Nationalsozialismus fand in Lyon der Prozess gegen den SS-Hauptsturmführer Klaus Barbie statt, genannt der »Schlächter von Lyon«. Als Nebenklägerinnen traten auch Frauen auf, deren Männer und Kinder von Barbie gefoltert, ermordet oder in die Gaskammern geschickt worden waren. Einige von ihnen konnte ich dank der Vermittlung ihrer Anwälte sprechen, und zwei von ihnen sagten: »Sie sind der erste Deutsche, mit dem ich seit vierzig Jahren spreche.« Sie erkannten mich nicht nur als Menschen an, sondern auch als Deutschen. Und ich wusste, dass ich mich weder schuldig fühlen noch schämen musste. Ihre Anwälte hatten dafür gebürgt, dass ich ein »anständiger« Deutscher sei.

Eine achtzigjährige Frau hatte ihren Mann, einen jüdischen Bäcker, und drei ihrer vier Kinder durch den SS-Mann Barbie verloren. Diese drei Kinder konnte sie zunächst in dem geheimen jüdischen Kinderheim von Izieu verstecken, das vierte war noch ein kleines Baby, das sie bei sich behielt. Barbie aber entdeckte das Heim und ließ alle Kinder mit ihren Betreuern nach Auschwitz in die Gaskammern schicken. Die Frau und das Baby überlebten. Vierzig Jahre nach dem Krieg traf ich sie, begleitet von einem stattlichen Mann, ihrem letzten Kind, und ich befragte sie zu den damaligen Vorgängen. Sie fing an zu weinen und sagte: »Ich habe doch niemandem etwas getan.« Sie verstand immer noch nicht, was ihr widerfahren war. Ich unterdrückte es, mein Mitfühlen zu zeigen, schämte mich, obwohl ich mir keiner Schuld bewusst war. Mir war unwohl, zu dem Volk zu gehören, aus dem Klaus Barbie stammte.

Und heute schäme ich mich, ja, ich will ehrlich sein, macht es mich zornig und wütend, wenn ein Politiker wie AfD-Chef Alexander Gauland über die Zeit der Nazi-Mörder sagt, Hitler und die Nationalsozialisten seien »nur ein Vogelschiss« in tausend Jahren deutscher Geschichte. Und es ist mir unverständlich, wie man dieser Partei – und sei es aus Protest – bei Wahlen seine Stimme geben kann. Dass es Hunderttausende dennoch tun, beweist, dass in unserem Wertesystem etwas nicht stimmt.

Es bleibt einem nicht erspart: Man muss lernen, Deutscher zu sein und mit seiner nationalen Identität bewusst umzugehen. Das fällt aber mehr als siebzig Jahre nach Ende des Nationalsozialismus sogar jenen schwer, die lange nach Kriegsende geboren wurden. Als ich dieses Thema letztens gegenüber einer etwa vierzigjährigen Deutschen ansprach, winkte sie lachend ab und meinte, sie habe kein Problem mit der deutschen Identität: »Denn ich habe nur eine europäische Identität.«

Ihr fiel dabei nicht auf, dass sie sich mit ihrer Aussage selbst widersprach und aus der deutschen Identität zu fliehen versuchte. Vergeblich. Denn im Ausland, selbst bei unseren nächsten Nachbarn, wird sie niemand als Europäerin identifizieren, sondern stets als Deutsche. Schon allein durch ihren Akzent. Was wäre das auch: eine Europäerin?

Spätestens das Ausland spiegelt jedem Menschen seine nationale Identität zurück.

Der Soziologe Norbert Elias, der 1933 vor den Nazis aus Deutschland nach Großbritannien floh, unterscheidet zwischen Ich-Identität (Individuum) und Wir-Identität (Gesellschaft). Beide hängen voneinander ab. Elias begründet dies damit, dass Vergangenheit, Gegenwart und Zukunft des Kollektivs eine Rolle in der Bildung der individuellen Identität spielen.

Genauso wie die Familie mit ihrer eigenen Geschichte behaftet ist, so sind es auch der Ort, an dem die Person aufwächst, und der Staat. Jede Gemeinschaft verfügt über besondere kulturelle Merkmale, deren herausragendes die Sprache ist. Schon in der kleinen Kollektivität der Familie werden besondere sprachliche Eigenheiten benutzt. Sogar ganz banale kindliche Erlebnisse können sich so in der Identität festsetzen, dass sie sich im Moment großer Lebensangst unbewusst melden. So erzählte Günter Grass von der schrecklichen Lage, in der er sich zu Kriegsende als junger, kaum ausgebildeter Soldat befand. Seine Einheit war von Russen beschossen worden, er irrte nachts durch einen Wald. Da hörte er jemanden kommen. Aus Angst fing er an »Hänschen klein ...« zu singen. Damit machte er unbewusst auf seine deutsche Identität aufmerksam. Die Schritte gehörten zu einem deutschen Soldaten, der ihn mitnahm.

Das mag als Beispiel dafür dienen, dass der Einzelne aus den gemeinsamen Erfahrungen seiner Umwelt beides entwickelt: seine Ich- wie auch seine Wir-Identität. Dazu muss ihm allerdings erst einmal bewusst werden, dass er eine Identität hat.

»Die längste Zeit kam ich gut ohne eine Identität als Deutscher aus. Heute wird sie mir aufgezwungen«, so schreibt der Autor und Journalist Stephan Lebert. Auf einer ganzen Seite in der *Zeit* erzählt Lebert im November 2018, was er einen kleinen »politischen Bildungsroman« nennt. Nicht die Identität wird ihm aufgezwungen, sondern das Bewusstsein, dass er eine *deutsche*, also eine *nationale* – oder nennen wir sie eine *kollektive* – Identität hat.

Die Bildung seiner Identität fing spätestens in der Schulzeit an, als sein Vater ihm, damals elf Jahre alt, und seinem Bruder eines Morgens sagte: »Ihr geht heute nicht in die Schule, ihr schaut heute Fernsehen. Es ging um den Kanzler Willy Brandt und darum, ob er gestürzt wird oder nicht …« Im Bundestag fand die Abstimmung über das Misstrauensvotum gegen Bundeskanzler Willy Brandt statt, in einem Moment, in dem die Opposition über eine Mehrheit zu verfügen schien. Ein dramatischer Moment. Denn es ging auch darum, ob die Friedenspolitik von Brandt weiterverfolgt werden könnte. Lebert schreibt: »Wir saßen also stundenlang vor dem Fernseher, und ich habe sicherlich das meiste nicht verstanden, was da geredet wurde. Aber eines habe ich ganz sicher verstanden: Es ist nicht egal, wer da regiert, im Gegenteil – es ist sehr, sehr wichtig.«

Leberts Vater, Jahrgang 1929, »litt sein ganzes Leben lang darunter, dass er ein begeisterter Hitlerjunge gewesen war. Er war überzeugt, wenn die Nazis den Krieg nicht verloren hätten, wäre er ein übler Täter geworden, nichts habe darauf hingewiesen, dass es anders gekommen wäre.«

Die Geschichte seiner Familie, die Klugheit seiner Eltern, mit dieser Geschichte kritisch umzugehen, führte bei Lebert zu der Erkenntnis: »Der Blick auf mein Land, auf dieses Deutschland, war tief geprägt von Unsicherheit und Misstrauen, von dem Gefühl, es liegt unter der Oberfläche etwas Böses und Gefährliches, und wenn man nicht aufpasst, kommt es wieder zum Vorschein. So bin ich aufgewachsen. So habe ich weitergelebt.«

Die Zweifel, die Lebert am eigenen Land äußert, sind typischer Ausdruck der nationalen Identität eines bewusst denkenden Deutschen, denn er schreibt von Zweifeln am eigenen Land, wobei er aber nicht in »deutschen Selbsthass« verfiel. Im Gegenteil, seine Selbstzweifel um die gebrochene deutsche Identität führten dazu, dass er begann, sich darin wohlzufühlen. Er fühlte sich wohl, weil er sich sowohl mit dem Kniefall von Willy Brandt im Warschauer Getto wie auch mit dem »Mantra von Helmut Kohl, Deutschland dürfe sich in Europa nie als Nummer eins aufspielen, müsse immer ein großzügiger und bescheidener Nachbar bleiben, immer eingebettet in die Entscheidungen der Verbündeten«, identifizieren konnte. So akzeptierte er, dass Deutschland anders war »als andere Länder. Wir waren geschichtsbewusster, vielleicht auch demokratischer. Wir waren vorsichtiger, distanzierter, vielleicht auch verklemmter. Ich fing jedenfalls an, eine positive Eigenschaft nach der anderen in mein deutsches Bilderbuch zu kleben.«

Einem Engländer oder einem Franzosen, einem Spanier oder einem Italiener kämen nie solche Gedanken. Deren kollektive Identitäten sind anders gewachsen.

Aber bei Alexander Gauland, der mit seiner »Vogelschiss«-Parole so redet wie Rechtsradikale in Frankreich und Holland, Polen oder Ungarn und Österreich, ist wenig von der heutigen deutschen Identität, wie sie Lebert für sich beschreibt, und von den Werten, die sie prägen, hängen geblieben. Das Gedankengut, auf das er und die AfD sich berufen, hat nichts gemein mit dem, was heute die große Mehrheit unter Deutschsein versteht. Nach einem Gutachten des Verfassungsschutzes vertritt Gauland »völkisch-nationalistische Gesellschaftsbilder«. Er diffamiert diejenigen, »die nicht Bestandteil der eigenen, aufgewerteten Gruppe sind«. In einer Rede auf dem brandenburgischen AfD-Landesparteitag 2018 soll Gauland laut Gutachten des Verfassungsschutzes »die demokratische Ordnung als Ganzes infrage gestellt, als angebliches Unrechtsregime gebrandmarkt und ihr letztlich die Legitimation abgesprochen« haben.

Die Besonderheiten einer kollektiven Erfahrung, wie etwa der Geschichte des Nationalsozialismus und des Holocaust, führen zu einer speziellen Prägung der Identität eines Deutschen – je nachdem, wie er mit diesem Teil der deutschen Geschichte konfrontiert wird und ihn für sich reflektiert. Doch gerade dieser Teil des kollektiven Bewusstseins kann ebenso zu einer kritischen Störung des Gefühls der Identität führen, die einen Deutschen trifft. Es darf hier kein Missverständnis geben: Wenn von nationaler Identität gesprochen wird, so bedeutet dies nicht, dass die Kollektivität mit einer fest gefügten Identität versehen ist, wie es Anhänger der »Identitären Bewegung« oder rechtsradikaler Gruppierungen und Parteien gern behaupten.

Identitäten – ob individuelle oder kollektive – wandeln sich, denn sie sind einem ständigen Lernprozess und daraus folgenden Veränderungen unterworfen. Insofern ist auch der Begriff *Leitkultur* falsch, wenn er statisch, unveränderbar benutzt wird.

Der Wandel der Identität durch besondere Ereignisse lässt sich gut und verständlich an der Person des französischen Politologen Alfred Grosser, unter anderem Friedenspreisträger des Deutschen Buchhandels, verfolgen. Grosser kam 1925 in Frankfurt am Main auf die Welt. Im Ersten Weltkrieg hatte sein patriotisch gestimmter Vater Paul Grosser, wie so viele Deutsche jüdischen Glaubens, als Stabsarzt am Frankreichfeldzug teilgenommen, war bereits im November 1914 mit dem Eisernen Kreuz II. Klasse, später sogar mit dem »EK I« ausgezeichnet worden.

Doch dann kam Hitler an die Macht.

Im April 1933 gab der Dekan der Medizinischen Fakultät in Frankfurt dem Arzt Paul Grosser »den

Rat«, seine Vorlesungen einzustellen. Dann wurde das Kinderkrankenhaus, an dem er als leitender Arzt arbeitete, »arisiert«, sodass Grosser im Dezember 1933 beschloss, mit seiner Frau und beiden Kindern nach Frankreich zu emigrieren. Der Entschluss, auszuwandern, so schreibt später Sohn Alfred, ist gekommen, als mein Vater aus dem Verband der Eisernes-Kreuz-Träger hinausgeworfen wurde, denn das zeigte ihm, dass er nicht mehr als Deutscher betrachtet wurde. Schon wenige Monate später starb Paul Grosser im französischen Exil.

Der Tod des Vaters hat Alfreds »Französischwerden« entscheidend beeinflusst. Denn jetzt war für seine Mutter klar, dass ihre Kinder endgültig in Frankreich Wurzeln schlagen mussten. Die französische Schule hat die Eingliederung des jungen Deutschen leicht gemacht: Die Religion spielte keine Rolle, der Geschichtsunterricht dagegen eine besonders starke bei der Prägung der »nationalen Identität«.

»Wären meine Eltern nach London gezogen«, schreibt Grosser, »so wäre ich wahrscheinlich im Emigrantenviertel Golders Green einer unter anderen gewesen, in dauerhafter Verbindung mit dem Judentum und mit einem durch Bitterkeit und Ablehnung lebendig bleibenden Deutschtum. Das Gleiche hätte für New York gegolten.« In Frankreich aber sei es anders gewesen, die jahrelange, ins Positive verzerrte Beschäftigung mit der französischen Geschichte habe Folgendes bewirkt: »Napoleon war mein Großvater, Jeanne d'Arc meine Urururgroßmutter und Goethe ein großer, aber ausländischer Dichter.«

Zwar kann sich die Identität wandeln, aber man kann ihr nicht entfliehen, selbst wenn man es möchte, wie es an Georges-Arthur Goldschmidts Beispiel deutlich wird: Mehr als siebzig Jahre lang war der 1928 in Reinbek bei Hamburg geborene Goldschmidt schon Franzose, doch über sein Geburtsland sagte er immer noch: »Meine Beziehung zu diesem Land ist eine Hassliebe. Ich mochte das Deutsche nicht mehr, weil es die Sprache derjenigen war, die mich tot wollten.« Seine deutschen Eltern stammten aus einer im 19. Jahrhundert zum Protestantismus konvertierten jüdischen Familie. Nach den Rassengesetzen der Nazis waren sie aber keine Protestanten, sondern Juden.

Als Jürgen geboren, wurde der spätere Georges-Arthur mit seinem Bruder von seinen Eltern 1938 nach Italien geschickt, von dort flohen sie nach Frankreich, wo Jürgen, der sich jetzt Georges-Arthur nannte, in einem Pensionat in Savoyen unterkam. Das Dorf, in dessen Umgebung die Schule lag, wurde von den Deutschen besetzt, und die Gestapo durchsuchte eines Tages das Internat. Georges-Arthur war gewarnt worden und konnte rechtzeitig fliehen. »Ein anderer Junge ist aber von der Gestapo mitgenommen worden«, so erzählt Goldschmidt Ende 2018 in einem *Zeit*-Interview, »ein junger

Pole, der nur Jiddisch konnte und für den ich Französisch gedolmetscht hatte. ... Seitdem frage ich mich: Warum bist du so umstandslos durchgekommen, und er ist gestorben?«

Nach dem Krieg wird Goldschmidt Franzose, studiert in Paris, wird Lehrer und unterrichtet bis zu seiner Pensionierung an verschiedenen Gymnasien. Nebenbei übersetzt er Johann Wolfgang Goethe, Franz Kafka, Walter Benjamin, Friedrich Nietzsche aus dem Deutschen ins Französische. Auf Französisch schreibt er Essays und Romane, die Peter Handke, mit dem er befreundet ist, ins Deutsche überträgt, während er Handke ins Französische übersetzt. Wie aber sieht er sich selbst? Franzose oder Deutscher?

Georges-Arthur Goldschmidt ist sich eines Zwiespalts bewusst: »Meine autobiografischen Bücher habe ich instinktiv auf Deutsch geschrieben, auch als Provokation, um den Deutschen zu zeigen, dass sie mich nicht totgekriegt hatten. Dieses Land war mir nie gleichgültig, und trotz meiner Weigerung gehöre ich dazu. Ich habe nur ein unbestimmtes Gefühl der Anderswertigkeit. Der eine Teil meiner Persönlichkeit ist zutiefst deutsch, der andere durch und durch französisch. Meine Frau lacht sich tot, wenn sie das liest, sie sagt: Deutscher als du gibt's nicht.«

Es ist merkwürdig, dass eine betroffene Person ihre Identität häufig nicht erkennt. Aber der bewusste Teil der Identitätsbildung ist wichtig und hat für den

Philosophen Jürgen Habermas eine besondere Bedeutung: »Erst das Bewusstsein der Zugehörigkeit zu ›demselben‹ Volk macht die Untertanen zu Bürgern eines einzigen politischen Gemeinwesens, zu Mitgliedern, die sich *füreinander* verantwortlich fühlen können. Die Nation oder der Volksgeist – die erste moderne Form kollektiver Identität überhaupt – versorgt die rechtlich konstituierte Staatsform mit einem kulturellen Substrat.«

Die Überlegungen von Jürgen Habermas sind von der Beschäftigung mit der deutschen Vergangenheit geprägt. Demnach hat eine Gesellschaft keine Identität wie ein Gegenstand oder eine Person, die in deren Einzigartigkeit besteht. Der Philosoph Habermas meint, dass ethische Bedingungen eine Voraussetzung sind, die erfüllt werden muss, um eine nationale Identität *vernünftig* nennen zu können. Und nur dann kann sie in einer »postnationalen« Gesellschaft Bestand haben. Eine nationale Identität darf demnach nicht angewandt werden, um einen Teil der Bevölkerung auszuschließen. Das aber versuchen Rechtsradikale, indem sie Identität rückwärtsgewandt und ethnisch definieren.

Aus der Definition von Habermas folgt, dass ein jeder Bürger sich haftbar fühlen muss für den Zustand seiner Gesellschaft, insbesondere zu handeln hat, wenn sich undemokratische Entwicklungen andeuten. Der Bürger trägt also Verantwortung. Dafür aber muss er sich erst einmal zu seiner Gesellschaft bekennen.

# Identität in einer modernen Nation

Wer wissen will, wer er ist, muss wissen, woher er kommt, um zu sehen, wohin er will, erkannte schon der Schriftsteller Jean Paul. Wenn wir uns also fragen, wer wir sind, müssen wir in die Vergangenheit schauen und in die Zukunft gerichtet denken. Das bedeutet, dass wir umstrittene Begriffe wie *Identität* und *Volk*, *Nation* und *Heimat* unserer Zeit entsprechend definieren müssen. Was bedeutet (uns) das Wort *deutsch*?

Die allermeisten Deutschen, die heute in der Bundesrepublik leben, sind nach dem Krieg geboren. Ist es da noch notwendig und angemessen, sie mit der Vergangenheit des Nationalsozialismus zu konfrontieren? Entwickelt nicht jeder Mensch seine persönliche Identität und sein Selbstverständnis zunächst aus der jeweiligen Lebenslage und erst anschließend aus dem Geschichtsbewusstsein seiner Umgebung?

Einen mich überzeugenden Grundgedanken zur nationalen Identität prägte der französische Staatsphilosoph Charles de Montesquieu. Er trennt das Menschsein von der politischen Identität jeder Person, indem er von sich sagt, er sei aus Notwendigkeit Mensch, aus Zufall Franzose.

Dieser Grundsatz ist für mich bestimmend, wann immer von nationalen Identitäten geredet wird. Denn Montesquieus Überlegung: »Ich bin aus Notwendigkeit Mensch und Franzose aus Zufall« folgt für mich eine grundsätzliche Gegenüberstellung. *Notwendigkeit* und *Zufall* entsprechen im Bereich der Identität dem Wortpaar *Mensch* und *Nationalität*. In Mensch und Notwendigkeit sehe ich die gleiche Abstufung wie in Nationalität und Zufall.

Und diese Abstufung verlangt, das Menschsein als einen absoluten Wert einzuschätzen, die Zugehörigkeit zu einem Volk aber nur als einen relativen.

Für den Menschen – gleich welcher Herkunft er ist – gilt der Schutz der allgemeingültigen Menschenrechte. Als Senegalese, Pole oder Türke kann ein Mensch zwar Respekt für seine nationalen Werte beanspruchen, doch allgemeingültig sind sie nicht.

Ich halte es für unerlässlich, dem Menschsein einen weitaus höheren Wert zu gewähren als einer nationalen Identität. Denn nur wer diesen Maßstab anerkennt, der wird alle Menschen anders einordnen und sie nicht mehr danach beurteilen, ob sie

Deutsche sind (und sie im Zweifel mit dem Nazi-Klischee verbinden), sondern er wird erkunden, wer dieser *Mensch* ist, der – aus *Zufall* – mit einer deutschen Identität versehen ist.

Lange bevor er Bundespräsident wurde, antwortete Joachim Gauck auf die Frage, was es für ihn heiße, Deutscher zu sein: »Erst einmal ist es Schicksal. Man sucht sich nicht aus, welche Eltern man hat, sondern die Eltern sind schicksalhaft die Erzeuger. Zweitens sind diese Eltern selbst hineingeboren in einen bestimmten politischen, historischen und regionalen Zusammenhang. Es ist der Ort meiner zufälligen Geburt. Zufällig ein Ort in Deutschland. Und da ich nur einer bin und nur eine Jugend und eine Kindheit habe, und nur an einem ganz bestimmten Ort die Leiden und die Freuden, die mich als Person gemacht haben, erlebte, bin ich Deutscher.«

Gaucks Nachfolger im Amt des Bundespräsidenten Frank-Walter Steinmeier antwortete, sich auf Montesquieu beziehend, ähnlich: »Wenn mich meine Mutter an ihrem Heimatort Breslau zur Welt gebracht hätte, wäre ich heute Pole. Die Geschichte des 20. Jahrhunderts – Nationalsozialismus, Krieg und Vertreibung – hat dazu geführt, dass ich in Westfalen geboren und Deutscher bin. Das bin ich gern, und manche sagen, ich sei sehr deutsch! ... Ich bin gerne Westfale, Deutscher und Europäer.«

Während Montesquieu eine jede Person zuerst Mensch sein lässt und sie dann mit einer jeweiligen, zufällig erworbenen Nationalität versieht, wird den Deutschen im Ausland vorgeworfen, sie würden genau umgekehrt denken. In der Außensicht wirken nationale Identitäten häufig anders als in der Innensicht. Die eigene Identität wird durch die Spiegelung manchmal unangenehm klarer, manchmal allerdings auch gröber.

Aber erstaunlicherweise bekennen sich in den letzten Jahren immer mehr Deutsche zum »alten« Denken, seien es Politiker der AfD und deren Anhänger, seien es diese – ja, diesen Begriff mag man mir gestatten – merkwürdigen Menschen, die sich »Reichsbürger« nennen, oder die »Identitären«, die sich für den »Erhalt der ethnokulturellen Identität« einsetzen.

Die Wurzel zu diesem überheblichen Denken liegt nicht etwa in den Rassenvorstellungen der Nationalsozialisten, sondern früher. Sie ist schon Anfang des 19. Jahrhunderts zu finden. Der Philosoph Georg Friedrich Hegel beeinflusste zutiefst das Denken der Deutschen mit seiner Idee von »welthistorischen Völkern«. Als »welthistorisches« Volk sahen sich die Deutschen gern. So beschreibt Mitte des 19. Jahrhunderts der deutsche Schriftsteller und Humorist Bogumil Goltz Deutschland als universelle Nation, da sie sich durch »Vernunftbildung zu einem Welt-Volk« entwickelt habe: »Wie nämlich der Mensch das Geschöpf der Geschöpfe ist, so darf man den Deutschen für den bevorzugten Menschen ansehen, weil er in der Tat die charakteristischen Eigenschaften, Talente und Tugenden aller Rassen und Nationen in sich zu einem Ganzen vereint. ... Wir sind so mühselig, arbeitsam und kunstfertig wie die Chinesen. ... Wir besitzen die englische Gründlichkeit und Akkuratesse. ... Wir besitzen die französische Kunstfertigkeit und Eleganz in allen technischen Künsten. ... Wir verstehen uns auf die Musik und alle schönen Künste tiefer als die Italiener. ... Wir sind Ackerbauern und Viehzüchter mit Naturliebe und patriarchischem Gemüte wie nur die alten Polen und Ungarn.«

Mit diesem Text könnte auch heute noch ein Kabarettist größte Heiterkeit erzielen, doch deutsche Vorschriften erlauben es Behörden hierzulande, immer noch in diesen rückschrittlichen Kategorien zu denken. Unkritisch übernehmen Beamte und Richter die aus diesem Denken entwickelten Bestimmungen und handeln danach: etwa dann, wenn es zwischen *deutschem* und *fremdem Blut* zu unterscheiden gilt. Deutsche Richter brechen zugunsten des deutschen Blutes sogar internationales Recht – diese Fälle sind nicht etwa selten. Und sie erregen auch keinerlei öffentliches Aufsehen oder gar Proteste. Denn dieses Denken entspringt nicht etwa deutschem Rechtsradikalismus, sondern es entspricht der allgemein vorherrschenden Meinung.

Dieses »nicht restlos überwundene« Denken führt zu absurden rechtlichen und politischen Entscheidungen: Eine in England lebende Frau war von ihrem deutschen Mann geschieden worden, und die beiden gemeinsamen Söhne wohnten bei ihr. Zu Besuch fuhren sie zu ihrem Vater, der sie dann in Deutschland behielt. Daraufhin bemühte die englische Mutter die deutschen Gerichte, doch umsonst. Sie entschieden aus nationalen Motiven gegen die ausländische Mutter, für den deutschen Vater. Aber nicht nur das. Auch politische Interventionen bis hin zum Bundeskanzleramt blieben vergeblich. Denn wenn es zum Streit um das Sorgerecht von Kindern kommt zwischen einem deutschen und einem ausländischen Elternteil, dann schlagen sich Politiker und deutsche Gerichte auf die Seite des deutschen Blutes, selbst wenn sie damit europäisches Recht brechen.

Nationale Beweggründe dürften keine Rolle spielen, wenn um das Sorgerecht gestritten wird. Dies sehen internationale Regeln vor, etwa der UN-Zivilpakt, die UN-Kinderrechts- oder die Europäische Menschenrechtskonvention. Im Haager Übereinkommen über die zivilrechtlichen Aspekte internationaler Kindesentführungen ist sogar genau geregelt, dass Kinder dort leben sollen, wo ihr Lebensmittelpunkt bisher war. Dieses Haager Übereinkommen ist in Deutschland rechtskräftig. Dennoch halten sich deutsche Gerichte nicht immer an die internationale Regelung, sondern entscheiden nach den untergeordneten deutschen Vorschriften.

Wohnt ein Kind aus einer geschiedenen deutsch-englischen Ehe bei seiner Mutter in England, dann wächst es in einer ihm entsprechenden sprachlichen und kulturellen Umgebung auf. Das aber akzeptiert das deutsche Recht nicht. Das Kind aus einer deutsch-englischen Ehe kann nur deutsch sein. Deshalb darf ein deutscher Vater sein Kind aus England entführen, denn, so die richterliche Begründung, wenn »das gesamte soziale Umfeld von einer Fremdsprache bestimmt wird und weder in der Schule noch zu Hause Deutsch gesprochen wird«, dann sei dies für ein »deutsches« Kind unzumutbar. Noch eindeutiger begründete ein anderes deutsches Gericht die Entführung eines Mädchens durch ihren deutschen Vater als rechtens: »In Deutschland lernt sie, ihrem Vater zu vertrauen, während in England stets hässliche Dinge über Deutschland verbreitet werden.«

Wer behauptet, er sei aufgrund seines Wesens Deutscher und dank seiner deutschen Qualität Mensch, der verdreht die Rangfolge. Hinter solch einer Anschauung verbirgt sich die alte Definition des Begriffs *Nation*, eng verbunden mit *Nationalismus*, dessen Merkmal es war, sich besser zu dünken als »die anderen«, die Fremden und Nachbarvölker.

Die Rangfolge muss heißen: von Geburt Mensch, aus Zufall Deutscher.

*Menschsein* bedeutet, sich im Besitz der Menschenwürde zu befinden, und sie ist die Grundlage der Menschenrechte, also jener ethischen Werte, die das Verhalten in der Gesellschaft regeln.

*Deutscher* zu sein bedeutet dagegen, einer Gruppe von Menschen anzugehören, zu deren Identität gewisse nationale Eigenheiten, spezielle kulturelle Einflüsse, eine eigene Sprache, vielleicht gar ein Dialekt und – sehr bedeutsam – eine eigene Geschichte gehören.

Wenn wir von einer *nationalen* Identität sprechen, so stellt sich auch die Frage nach dem Begriff *Nation*. Was aber macht die deutsche Nation aus?

Im 18. Jahrhundert war das Land der Deutschsprechenden in unzählige Machtbereiche aufgeteilt. Wenn nicht ein Zentralstaat, was war es dann, das die Deutschen zusammenhielt?

Ein Franzose wird nie infrage stellen, was sein Land zusammenhält. Er hat von früh an gelernt, dass die Republik von Werten wie Freiheit, Gleichheit, Brüderlichkeit lebt, kurz Menschenrechten, und von Begriffen wie *universelle Revolution, Republik* und *Nation*.

In Deutschland dagegen schmerzt die meisten kritisch denkenden Bürger die gemeinsame Geschichte wegen der Gräuel des Dritten Reiches, und deshalb traut sich niemand zu behaupten, die Deutschen hätten gemeinsame politische Ziele. Denn welche Missverständnisse könnten sich dahinter verbergen! Der politische Konsens wird zwar immer wieder beschworen, doch wer genau hinschaut, der sieht zwar einen Konsens in den demokratischen

Grundwerten, aber keinen Konsens in jenen Fragen, die sich über das reine Staatswesen hinaus mit der Nation und dem Volk, mit Geschichte und Kultur befassen.

Die Worte *Nation* und *Volk* wirken belastet. Nation, Nationalist, Faschist ist zwar eine falsche Kombination, aber sie prägt die Gedanken gerade junger Leute, die lange nach dem Krieg aufgewachsen sind.

In Festreden wird heute von führenden Politikern oder klugen Intellektuellen gern stolz darauf verwiesen, dass Deutschland eine »Kulturnation« sei, denn sie wagen sich wegen der deutschen Geschichte nicht, dem Begriff *Nation* einen politischen Inhalt zu geben. Aber gerade das tut not. Die ausschließlich kulturelle Definition – selbst wenn sie weltoffen gemeint sein sollte – hat die Deutschen dazu verführt, sich von ihren Nachbarn abzukapseln. Mit der Entdeckung des deutschen Wesens haben sie andere Kulturen, die sie zunächst als ebenbürtig ansahen, als minderwertig eingestuft und schließlich ausgeschlossen, denn es siegte der Gedanke, das deutsche Wesen sei höherwertig. So wie die Franzosen heute noch mit Gesetzen und Bußgeldern versuchen, ihre Sprache von amerikanisch-englischen Vokabeln zu säubern (und die ganze Welt lacht darüber), so dachten im 19. Jahrhundert auch die Gebrüder Grimm bei der Erstellung ihres Wörterbuches. Da klagt Wilhelm Grimm auf der ersten Germanistenversammlung 1846 über das Verderben des Deutschen durch das Fremde: »Alle Tore sperrt man auf, um die ausländischen Geschöpfe herdenweise einzutreiben. Der Kern unserer edlen Sprache liegt in Spreu und Wust: wer die Schaufel hätte, um es über die Tenne zu werfen! Öffnet man das erste Buch, ich sage nicht ein schlechtes, so schwirrt das Ungeziefer zahllos vor unseren Augen.«

Gewiss gehört auch die Kultur zur Gesamtheit einer Nation. Die Frage ist nur, ob sie an erster Stelle steht. Die Deutschen sollten aus ihrer Geschichte gelernt haben, dass eben nicht die Kultur als Ausdruck des Deutschseins vornan steht, sondern die universell gültigen Grundwerte der Menschenrechte und die Werte Freiheit, Gleichheit, Brüderlichkeit.

Die politische Definition der Nation muss von einem gemeinsamen Willen des Staatsvolks getragen werden. Und der sollte in die Zukunft gerichtet sein – wie es der französischen Definition von *Nation* entspricht. Aber so zu denken, ist in Deutschland noch nicht weit genug verbreitet.

Die Frage der Definition wäre – wenn es nur um den theoretischen Begriff *Nation* ginge – nicht schwer zu beantworten.

Jeder, der heute versucht, Nation modern und positiv zu definieren, greift auf die politischen Gedanken des französischen Philosophen Ernest Renan zurück, der 1882 bei einer Rede an der Pariser Sorbonne feststellte, die Nation sei ein täglich zu wiederholendes Plebiszit, eine immer wieder neue Befragung ihrer Staatsbürger. In Renans Überlegung stecken mehrere Elemente:

- Plebiszit bedeutet, dass das Volk das Recht hat, abzustimmen – also souverän ist;
- täglich heißt, dass immer neu über den Zustand der Nation befunden werden kann.

Nichts ist also endgültig.

In wissenschaftlichen Kreisen in Deutschland hat sich heute die politische Definition zwar durchgesetzt, aber trotzdem wird immer noch heftig darüber gestritten, ob *Nation* nicht längst ein überholter Begriff sei. Die Bezeichnung wird im täglichen Umgang schnell mit Nationalismus oder gar Nationalsozialismus verbunden. Und daraus folgt eine Ablehnung dieses Begriffs.

Ich habe manchmal den Eindruck, dass es immer noch viele Deutsche gibt, die von der Nation Abschied nehmen wollen, weil sie hoffen, mit der deutschen Vergangenheit brechen zu können. Das kann aber nicht gelingen.

Die Deutschen müssen sich mit der Geschichte ihrer Nationswerdung kritisch auseinandersetzen, denn nur so können sie die Irrwege in der eigenen Vergangenheit erkennen – und daraus die richtigen Folgerungen für die Zukunft ziehen. Denn gerade im Denken derjenigen, die aus hypermoralischen Gründen den Begriff der Nation als überholt abweisen, finden sich manchmal Überreste jenes Denkens, das den Deutschen besonders bei den europäischen Nachbarn zur Belastung wurde und in dem Satz gipfelt: »Wir sind die besseren Deutschen.«

Er ist leider kein Klischee und fiel tatsächlich unter westdeutschen Intellektuellen im P.E.N.-Club. Der P.E.N.-Club ist der Zusammenschluss von Schriftstellern, Dichtern und Essayisten. Eigentlich würde man denken, dass seine Mitglieder besonders kluge Personen sind. Aber auch sie können unbewusstes Opfer ihrer nationalen Identität sein. Denn durch die Feststellung von den »besseren Deutschen« sollte begründet werden, dass der P.E.N.-Club der DDR nicht mit dem P.E.N.-Club der BRD verschmolzen werden sollte.

So beschreibt denn auch im Februar 1997 der ostdeutsche Schriftsteller Günter de Bruyn in seiner Dresdner Rede »Zur Sache: Deutschland« sein Erstaunen, als er »nach der Wiedervereinigung mehrfach hören und lesen konnte, dass die alte Bundesrepublik in ihrer Modernität nichts mehr von einem Nationalstaat habe, ... dass dieser Nicht-Nationalstaat nun aber seit der Vereinigung 1990 in der Krise stecke, ... weil den Ostdeutschen mit ihrer Berufung auf die gemeinsame nationale Kultur, auf das deutsche Volk, auf die deutsche Nation die Konsensbasis der alten Bundesrepublik« fehlt. De Bruyn missfiel, dass die Westdeutschen, »weil sie nationales Denken angeblich schon hinter sich hatten, wieder einmal besser sein sollten als ihre Nachbarn, die noch immer, wie die ostdeutschen Hinterwäldler, auf ihre Nationalfarben fixiert sind«. Und verwundert ist er über den Streit der Intellektuellen, ob das Grundgesetz eine bessere identitätsstiftende Wirkung habe als die Nation.

Betrachtet man noch einmal den Satz von Montesquieu, wonach eine Person aus Notwendigkeit Mensch, aber nur aus Zufall mit einer Nationalität versehen sei, so lässt sich der Schluss ziehen: Die individuelle Identität betrifft den Menschen als Ganzes, die nationale Identität betrifft den Deutschen im Menschen.
Und wirklich zeitgemäß wäre es, wenn die Deutschen ihr Deutschsein nicht so fürchterlich wichtig nähmen. Schließlich ist die Nation weder ein vorgegebener Urgedanke der Schöpfung, der in der Geschichte nur seine Entfaltung erfährt, noch ist sie im Menschen als notwendig für das Menschsein angelegt.

Und doch suchen Menschen den Schutz des vermeintlich Eigenen in einer Welt, die uns vor komplexe Herausforderungen stellt. Zahlreiche Vorgänge verunsichern die Deutschen: Die Klimakatastrophe wird plötzlich spürbar durch heiße, trockene Sommer oder zunehmende Stürme. Die wirtschaftliche Globalisierung wird für den Wandel der Arbeitswelt verantwortlich gemacht. Die Industrialisierung wird durch die Digitalisierung abgelöst. Kommunikationswege verändern sich und lockern traditionelle Bindungen. Die demografische Entwicklung macht Sorge. Es fehlen Facharbeiter, Pflegekräfte, und die mangelnde soziale Absicherung bei sinkender Bevölkerungszahl – Stichwort: demografische Lücke – macht manchen sogar Angst.

In dieser unübersichtlichen Lage überlegen sich junge Menschen immer häufiger, wie sie in Zukunft ihre eigene Biografie gestalten könnten – und diese Frage richten sie an den Staat beziehungsweise die Personen, die ihn repräsentieren: Politikerinnen und Politiker. Während es bei der Auseinandersetzung um das europäische Urheberrecht noch um tatsächliche Interessenauseinandersetzungen zwischen jungen Leuten und Eigentümern von Urheberrechten – wie etwa mir selbst als Autor – ging, die allerdings von der Politik nicht offen geführt wurde, folgten auf Forderungen der Demonstranten der Fridays for Future nur erschreckte Wortmeldungen, aber keine Taten.

Doch was ist dieser Staat? Er könnte ein Stück Lebenssinn vermitteln, wenn es ihm gelänge, den Menschen eine überindividuelle Identität zu geben und ihnen Zukunftsziele zu setzen. Das würde aber voraussetzen, dass es dem Staat gelänge, von seinen Bürgern als Nationsbildender anerkannt zu werden, weil er in der Kontinuität der Geschichte einen kulturellen und politischen Konsens herstellt. Das ist jedoch im heutigen Deutschland nicht der Fall.

Der Staat wird als Regierungs- und Machtapparat gesehen und stößt in dieser Funktion sogar auf wachsende Ablehnung. Gesellschaftlich integrierend wirkt er nicht mehr, wie einst noch vor vierzig, fünfzig Jahren, dafür ist das Ende der Volksparteien SPD (die 1990 noch mehr als 900 000 Mitglieder hatte – im Mai 2019 438 000, weniger als die Hälfte!) und CDU (1990 mehr als 700 000 Mitglieder – im Mai 2019 415 000) ein Beleg.

Der Ministerpräsident von Sachsen-Anhalt, Reiner Haseloff (CDU) erklärt dazu in der *Frankfurter Allgemeinen Zeitung*: »Politische Macht legitimiert sich vor allem durch eine Grundakzeptanz. Und dieses Grundvertrauen ist in weiten Teilen der Bevölkerung nicht mehr vorhanden.« Das Problem ist also auch führenden Politikern bewusst, aber ändern sie etwas daran?

Die gegenwärtig mühevolle Suche nach der Nation weist eine interessante historische Parallele zur Identitätskrise der deutschen Bildungsbürger vor bald 200 Jahren auf. Damals entwickelten die Deutschen ihren eigenen Begriff der Kulturnation, der ihrer historischen Lage entsprach und sich von dem der französischen Staatsnation abhob.

Schon im 18. Jahrhundert aber hatten Deutschland – oder der Raum, in dem sich Menschen als »deutsch« begriffen, verbunden vor allem durch eine gemeinsame Sprache – und Frankreich begonnen, sich auf zwei unterschiedlichen Wegen zu entwickeln: Im politisch zersplitterten deutschen Volk begann die Suche nach seinen kulturellen Ursprüngen, dem französischen Volk wies die Aufklärung den Weg zu den Menschenrechten und dem Gemeinwohl als Staatspflicht.

Die Selbstbesinnung auf die deutsche Kultur war ein Rückschritt. – Der französische Weg zu universellen Werten war ein Fortschritt.

Während die Kulturnation sich auf Abstammung und (mitunter geklitterte) Geschichte berief, gründeten die Gedanken der Aufklärung auf der Idee, dass die Vernunft Vorrang habe.

Während aber der Stolz auf die eigenen kulturellen Errungenschaften per se nichts Verwerfliches ist, hat sich in einigen Köpfen in Deutschland ein krudes Bild der »gemeinsamen kulturellen Ursprünge« eingenistet. Besonders die AfD und gleichgesinnte Gruppierungen nutzen »Abstammung« und die Vorstellung eines geeinten und homogenen Volkes, um alles abzulehnen, das ihnen fremd zu sein scheint. Der ehemalige Bundespräsident Joachim Gauck warnte 2018 in einer Rede an der Heinrich-Heine-Universität Düsseldorf, mit der Berufung auf die Abstammung tauche »die Gefahr einer Überhöhung der eigenen Ethnie auf, verbunden mit einer scharfen Abgrenzung gegenüber anderen Staaten und einer teilweise aggressiven Abwertung von Minderheiten. Letztlich kulminierte der ethnisch reine Staat, wie es uns das 20. Jahrhundert gezeigt hat, in einer völkermörderischen Vorstellung.« Das war dann besagter »Vogelschiss«, nach AfD-Chef Gaulands Auslegung.

Auch in Deutschland sollten wir den Begriff *Nation* fortschrittlich definieren, sodass nicht ethnische, sondern politische Kriterien ausschlaggebend sind. Deren Ziele sind universell: Menschenrechte, Demokratie, die Republik und die Volkssouveränität. Sicherlich gehören auch viele kulturelle Elemente zu einer Nation, die Bedeutung der Sprache, das große Gewicht der Geschichte, die Literatur, die Musik und so manch eine Tradition.

Um uns zu dieser fortschrittlichen Definition von *Nation* zu bekennen, müssen wir wissen, welches Denken die Deutschen bewegte, als sie begannen, sich mit der Frage der Nation zu beschäftigen. Damals lebten sie – anders als die Franzosen – nicht in einem gemeinsamen Staat.

Und von diesem alten Denken müssen wir uns befreien!

Die Deutschen kannten im 18. Jahrhundert keine Volkssouveränität und keinen gemeinsamen politischen Willen. Die gebildeten Schichten, die zunächst Träger des romantischen Nationalismus waren, befanden sich in einer Krise, weil ein großer Modernisierungsschub zur Lockerung der traditionellen Bindungen des Menschen geführt hatte. Bisher hatten die Deutschen in kleinen lokalen oder regionalen ständischen Gruppen gelebt, die von Traditionen bestimmt waren. Doch jetzt lösten sich diese überschaubaren Gemeinschaften auf. Eine Art Globalisierung nach damaligen Verhältnissen.

Wirtschaftliche, soziale und politische Bedingungen machten den Bürger zwar selbstständiger, aber isolierten ihn gleichzeitig in einer größer gewordenen Gesellschaft.

Die Gedanken der Aufklärung veränderten das Selbstverständnis des Einzelnen, der sich nun kritisch zur Tradition stellte und versuchte, aus seinem bisherigen Stand herauszutreten, um einen eigenen zu errichten. Doch da in den deutschsprachigen Ländern kein Nationalstaat, keine Volkssouveränität, keine universellen Werte dem Einzelnen ein Gemeinschaftsgefühl vermittelten, suchten die Deutschen die Elemente ihrer kollektiven Identität zunächst in der deutschen Kultur, in Sprache, Tradition und Geschichte. Und es war kein Zufall, dass die Kultur als identitätsstiftendes Moment ausgesucht wurde, denn die Träger dieser Bewegung entstammten dem Bildungs- und Beamtenbürgertum. Das wirtschaftlich orientierte Bürgertum spielte in den deutschen Kleinstaaten keine Rolle, ganz im Gegensatz zu Frankreich, wo es zum Träger der Revolution wurde.

Wenn sich eine Nation durch die Souveränität des Volkes definiert, wie die USA oder Frankreich, dann kann sie offen sein für alle, die sich mit den Gesetzen identifizieren. Definiert sich eine Nation aber *romantisch*, also ausschließlich über die Sprache und Kultur eines Volkes, dann schließt sie all jene aus, die andere Prägungen aufweisen. Da wird aus einem Fluss, der mehrere Staaten durchmisst, der *deutsche* Rhein und aus den Bäumen Mitteleuropas der *deutsche* Wald. Romantisch-nationalistische Träumereien, die bis heute noch ihre Wirkung tun. In diesem Geist steckt Nationalstolz, aber auch der Stoff für Hass und Abgrenzung, für Rassedenken und Antisemitismus, wie sie bei der AfD und ähnlichen rechtsradikalen Gruppierungen vorzufinden sind.

Der romantische Nationalismus gab sich allerdings trotzdem weltoffen und kosmopolitisch. Denn er ging – in der Form von *Patriotismus* – ursprünglich davon aus, dass alle nationalen Kulturen in gleicher Weise das Recht auf eine eigene kulturelle Identität und Selbstbestimmung hätten. Und deshalb hat sich eingebürgert, von *positivem* Patriotismus zu sprechen, der dann im 19. Jahrhundert in machtbewussten Nationalismus umgeschlagen sei.

Weil *Patriotismus* als Wort nicht so negativ besetzt ist wie *Nationalismus*, dient er heute vielen als Ersatzbegriff bei der Suche nach dem richtigen Umgang mit Staat und Nation. Doch auch bei der Benutzung dieses Begriffs gilt es, vorsichtig zu sein. Denn schon in der ersten Hälfte des 18. Jahrhunderts haben patriotische Dichter deutscher Zunge Hass und Krieg gepredigt. In Johann Elias Schlegels *Hermann*-Drama wird 1740 das deutsche Volk zum absoluten Wert erhoben und der Hass auf die Feinde Deutschlands geschürt. Mehrere Hermann- oder

Arminius-Stücke werden im Jahrhundert der Aufklärung geschrieben, alle mit dem gleichen Pathos. Damit entsteht ein gefährlicher Mythos, der im 19. Jahrhundert seine Blüte erreicht und der sich auch heute noch unbewusst auf das deutsche Denken und Verhalten auswirkt. Im Zentrum des Hermann-Mythos steht der gute Deutsche im Kampf gegen den bösen Feind. Und mit dem Feind waren historisch die Römer und aktualisiert Frankreich gemeint. Daraus wurde dann der Erbfeind.

Gegen die Deutschtümelei gab es auch Widerstand – doch nur von einer Minderheit. So schrieb der deutsche Aufklärer Georg Christoph Lichtenberg: »Es gibt heute eine gewisse Art Leute, meist junge Dichter, die das Wort deutsch fast immer mit offnen Nasenlöchern aussprechen.«

Der Patriotismus und der romantische Nationalismus waren als Wegbegleiter des deutschen Nationengedankens also keineswegs nur fortschrittlich, wie noch häufig behauptet wird. Wer auf der Suche nach einem heute annehmbaren nationalen Bewusstsein ist, der wird den machtbesessenen Nationalismus ablehnen. Aber auch der Begriff einer deutschen *Kulturnation* kann nicht als Vorbild für einen friedlichen Patriotismus dienen, obwohl das Wort *Kultur* für einen Deutschen mit Theaterabonnement doch so gütig und gebildet klingt.

Die um ihr Selbstbewusstsein bemühten Deutschen sahen sich zu Beginn des 19. Jahrhunderts diesem starken Nachbarn Frankreich gegenüber, der nach der Revolution seinen politischen Nationalgedanken nicht nur mit der Gewalt des Geistes, sondern auch mit Waffen und Napoleons Armeen nach Europa hineintrug. Die Auseinandersetzung mit Frankreichs Ideen und Vorreiterrolle ließ bei den Deutschen im Laufe eines Jahrhunderts das Sendungsbewusstsein des eigenen Volkes wachsen, was dazu führte, dass Kaiser Wilhelm II. den Schlussvers von Franz Emanuel Geibels Gedicht *Deutschlands Beruf* aus dem Jahr 1861 – »Und es mag am deutschen Wesen einmal noch die Welt genesen« – zum politischen Schlagwort umformte. (Übrigens haben sich in der Rolle des »Weltvolks« nicht nur Deutsche oder Franzosen, sondern zu anderen Zeiten auch Engländer, Spanier, Italiener, Polen und Tschechen gesehen.)

Der Historiker Thomas Nipperdey gibt drei Gründe an, weshalb es nicht schon nach Ende der Napoleonischen Kriege und dem Wiener Kongress, der Europa neu ordnete, zu einer deutschen Nation kam. Zum Ersten wollten die neu gebildeten deutschen Einzelstaaten ihre Souveränität nicht abgeben. Zum Zweiten war der Dualismus zwischen Wien und Berlin nicht zu lösen, da keiner von beiden eine Mehrheit hinter sich versammeln konnte. Zum Dritten wurde Deutschland 1815 durch die Fürsten und nicht die Völker neu geordnet, was schließlich eine gesamteuropäische Aufgabe war, derer sich die regierenden Monarchen annahmen.

Wer heute einen Franzosen fragt, was die Definition von *Nation* und *Republik* ausmacht, so wird er, ohne zu zögern, drei Werte vorgeben: Freiheit, Gleichheit, Brüderlichkeit, die aus der Zeit der Französischen Revolution 1789 stammen, in der das Bürgertum über den Adel siegte.

In Deutschland triumphierte dagegen 1871 der deutsche Adel über das national-freiheitlich gesinnte Bürgertum, das vom Gedanken des romantischen Nationalismus und der Kulturnation geprägt war.

Nun liegt die Geburtsstunde des nationalen Staates in Deutschland in einer Zeit, in dem die Arbeiterschaft als Klasse entstand. Das Proletariat befand sich damals im Wettbewerb mit dem Bürgertum, das sich nun entscheiden musste, ob es seine liberalen Vorstellungen von einer demokratischen Nation mit der Arbeiterschaft teilen und gegen den Adel erkämpfen wollte. Dazu war es jedoch nicht bereit.

So waren es Fürsten, Könige und auch ein Kaiser, die bestimmten, wie die Staatsnation aussehen sollte. Der Bürger beschloss, Politik sei ein »schmutziges Geschäft«, widmete sich eher der Wirtschaft – aus der der Adel sich raushielt – und definierte seine eigene Nation, die er *Kulturnation* nannte und auf die sich viele Deutsche heute noch berufen, weil sie den Begriff positiv definieren. Denn die Kulturnation erhebt sich angeblich über die politische Nation.

Ich halte diese Entwicklung für verhängnisvoll für die deutsche Identität.

Denn die Idee des französischen Nationalstaats ist demokratisch: Nach der Vorstellung von Jean-Jacques Rousseau schließen die einzelnen Bürger einen Gesellschaftsvertrag und konstituieren so ein Ganzes.

Die Kulturnation drückt aber genau das Gegenteil aus: Die deutsche Volksnation ist dem Einzelnen vor- und übergeordnet.

In Frankreich sind alle Bürger Träger der Staatsnation.

In der deutschen Kulturnation sind es dagegen – nur – die Gebildeten.

Das hat die fatale Folge gehabt, dass in Deutschland Macht und Geist bis heute eine Abneigung gegeneinander spüren lassen.

All jene, die sich bei der Auseinandersetzung mit dem Thema *Nation und Nationalismus* unwohl fühlen, seien darauf hingewiesen, dass der Begriff *Nation* demokratisch, weltoffen und fortschrittlich definiert sein sollte.

Es mag kein Trost sein, aber es ist auch wichtig, sich bewusst zu machen, dass es in Europa keine ausschließlich gute oder schlechte Verwirklichung des Nationengedankens gibt. Leider haben in der Vergangenheit die schlechten Elemente überwogen, darum gilt es wachsam zu sein, wenn der Begriff *Nation* von Nationalisten missbraucht wird.

Nach dem Zweiten Weltkrieg begannen in der Bundesrepublik fortschrittliche Denker mit der Suche nach der Antwort auf die Frage: Welchen Inhalt können wir unserem Staat geben, um nicht wieder dem größenwahnsinnigen Nationalismus zu verfallen?

Die Gedanken des romantischen Nationalismus und der Kulturnation wurden von den Theoretikern fallen gelassen. Stattdessen hielt die französische Definition von *Nation* Einzug, nach dem Motto – so Habermas: »Nationalstaat und Demokratie sind als Zwillinge aus der Französischen Revolution hervorgegangen.« Dieser Gedanke hat sich in der breiten Öffentlichkeit aber noch nicht durchgesetzt.

Man spricht nun von der Staatsbürgernation, die ihre Identität nicht in ethnisch-kulturellen Gemeinsamkeiten findet, sondern in der Praxis von Bürgern, die ihre demokratischen Rechte ausüben. Aus der Überlegung heraus, dass sich die Bürger in einem Staat zu einem gemeinsamen politischen Willen zusammenschließen, entwickelte 1979 der Politikwissenschaftler Dolf Sternberger den Begriff des *Verfassungspatriotismus*. Ein Gedanke, den Philosophen wie Jürgen Habermas und Politiker wie Bundespräsident Richard von Weizsäcker übernahmen und verbreiteten.

Die Nation war für viele Deutsche zu belastet durch den Nationalsozialismus und damit zusammenhängend mit Nationalismus. Nun meinte Dolf

Sternberger anlässlich eines Kolloquiums zu seinem 80. Geburtstag 1987, die Staatsbürger müssten sich mit ihrem Verfassungsstaat identifizieren, und dies gelänge am besten in der Form des Patriotismus, der Vaterlandsliebe als Bürgertugend deute: »Ich wollte nicht einen Ersatz für den nationalen Patriotismus bieten. Vielmehr wollte ich darauf aufmerksam machen, dass Patriotismus in einer europäischen Haupttradition schon immer und wesentlich etwas mit Staatsverfassung zu tun hatte, ja dass Patriotismus ursprünglich und wesentlich Verfassungspatriotismus gewesen ist.«

Nun steckt allerdings in dem Wort *Verfassungspatriotismus* ein Widerspruch. Die *Verfassung* beruft sich auf universelle ethische Werte. In Artikel 1 des Grundgesetzes heißt es: »Die Würde des Menschen ist unantastbar.« Im *Patriotismus* werden die Staatsbürger auf die Treue gegenüber ihrer Nation eingeschworen. In Treue und Loyalitäten stecken aber nicht nur Vernunft, sondern auch Gefühle. Gefühlen ist eigen, dass sie die Fähigkeit haben, abstrakte Gedanken, wie sie im Verfassungspatriotismus stecken, ins Wanken zu bringen.

Wolfgang Schäuble sagte mir, als wir ein Gespräch über Identität und Nation führten, er habe über den Begriff *Verfassungspatriotismus* in Freiburg mit Professor Dieter Oberndörfer diskutiert. »Da habe ich gesagt: ›Oberndörfer, wenn Deutschland gegen Frankreich spielt – für wen sind Sie?‹ ›Blöde Frage‹, hat er mir geantwortet. ›Doch, Sie müssen antworten. Denn wenn Sie sagen, Sie seien für Deutschland, dann folgt die Anschlussfrage: Warum ist die französische Verfassung schlechter?‹«

Ganz schlitzohrig fügte Schäuble dann hinzu: »Aber die ganze nationale Identität löst sich sofort auf, wenn der KSC (Karlsruhe – aus Baden) gegen den VFB (Stuttgart – aus Schwaben) spielt.« (»Schwaben schaffen, Badener denken«, diese Herausbildung regionaler Identitäten und Vorurteile findet erst seit dem späten 19. Jahrhundert Einzug ins kollektive Gedächtnis. Mitschuld an der Feindschaft war Napoleon. Er machte bei seinen Eroberungszügen das Herzogtum Württemberg zum Königreich mit Hauptstadt Stuttgart, während in Baden nur ein Großherzog in der Hauptstadt Karlsruhe regierte.)

Die nationale Identität kennt eben ihre Abstufungen. Das zeigt wieder einmal, dass eine Identität nicht absolut festgelegt ist. National denkt Schäuble, wenn »Die Mannschaft« gegen ein ausländisches Team spielt. Lokal denkt er, wenn seine Heimatmannschaft gegen einen anderen deutschen Verein spielt.

Schäuble zieht daraus den Schluss: »Ich würde mich wohl leichter von einem Schwarzwälder oder Badener in einen Hanseaten verwandeln als in einen Franzosen.«

Als Cem Özdemir, lange Jahre Bundesvorsitzender der Grünen, im Januar 2019 in Heidelberg mit dem Dolf-Sternberger-Preis ausgezeichnet wurde, hielt er eine bemerkenswerte Rede, in der er schilderte, wie er als Migrantenkind durch seine Lehrerin Frau Mogg zum Verfassungspatrioten wurde. Frau Mogg unterrichtete ihn an der Realschule in Geschichte und Gemeinschaftskunde. Ihre Begeisterung für Politik hat ihn angesteckt: »Bei uns zu Hause gab es keine deutschen Tageszeitungen, nicht einmal die Lokalzeitung. Also hat sich Frau Mogg etwas einfallen lassen: hat ihre Klasse mitgenommen zu einer Gemeinderatssitzung, hat mir als Hausaufgabe aufgegeben, zwei Wochen lang die *Tagesschau* zu gucken. Und plötzlich erkannte ich, dass das, was ich in der Lokalzeitung las, in der *Tagesschau* sah, mein Leben mit bestimmte.

Frau Mogg führte mich, das Migrantenkind, ganz selbstverständlich an politische Teilhabe heran, weil ich für sie genauso ein Teil derselben Gesellschaft, derselben Wertegemeinschaft war wie die Hans' und Marias in unserer Klasse.«

Im Alter von 16 Jahren beschloss Cem Özdemir deswegen, deutscher Staatsbürger zu werden. »Ich erfand mich damit keineswegs neu, sondern im Gegenteil: Ich erkannte, dass das Grundgesetz einen identitätsstiftenden Rahmen bietet, der mir ermöglichte, ich selbst zu sein und zu bleiben und trotzdem meinen Weg zu gehen.«

Der Verfassungspatriotismus prägt allerdings nur einen Teil der nationalen Identität. Nicht nur die Sprache, nicht nur die Zivilisation, die aus Märchen und Mythen, Gedichten und Geschichten, Erlebtem und Erzählten besteht, prägen den Zusammenhalt. Nationale Gemeinsamkeiten, die aus einer Nationwerdung, aus einer längeren Geschichte, aus Erinnerungen und Erfahrungen herrühren, verbinden Individuen mit dem Ganzen.

Aber bei den Deutschen verhindert der durch den Nationalsozialismus und die nationalsozialistische Gräuelherrschaft erfolgte Bruch in der deutschen Geschichte die ungeprüfte Berufung auf die prägenden Elemente einer Nation. Bis aber neue Gemeinsamkeiten und Mythen entstehen, muss geraume Zeit verstreichen.

Auch Symbole beeinflussen die nationale Identität: die Nationalhymne, der Nationalfeiertag, die Nationalfarben. Aber vor solchen Symbolen haben sich die meisten Bürger in den Nachkriegsjahren gehütet. In den Achtzigerjahren gehörte es bei vielen sogar noch zum guten Ton, sich zu wünschen, dass die Fußballnationalmannschaft besiegt werde.

Die Akzeptanz der Fahne hat bei den Deutschen erst durch die »Sommermärchen« genannte Fußballweltmeisterschaft 2006 eine größere Zustimmung erhalten. Plötzlich wehten von den meisten Balkonen, an Autos, in den Stadien deutsche Fahnen. In den Fußballstadien schwenkten die Deutschen fröhlich Schwarz-Rot-Gold, malten sich die Farben mit Schminke ins Gesicht.

Auch ich hatte mir im Juni 2006 eine deutsche Fahne um den Hals gehängt, die mir meine Frau gekauft hatte, als wir mit Günter Grass und einem seiner Söhne im Olympiastadion in Berlin zum Viertelfinalspiel Deutschland gegen Argentinien erschienen. Ein deutscher Journalist schien verwundert und fragte mich, ob das Schwarz-Rot-Gold um meinen Hals nicht ein Ausdruck von Nationalismus sei. Ich verneinte es lachend. Dann wandte er sich Günter Grass zu, was er denn dazu meine. Ach, antwortete Grass sehr zögerlich, er sei Verfassungspatriot. Allerdings hat Grass sich dann doch von der Unbekümmertheit der Deutschen anstecken lassen und trug beim nächsten Spiel der Deutschen im (dann verlorenen) Halbfinale gegen Italien auch einen schwarz-rot-goldenen Schal.

Und das Ausland entdeckte plötzlich ein fröhliches, unverkrampftes Volk. In Großbritannien, wo Deutschland in der Karikatur immer noch als Nazivolk dargestellt wurde, war die Wahrnehmung der »neuen« deutschen Identität am stärksten spürbar – vielleicht, weil dort die Vorurteile noch am stärksten waren.

Cem Özdemir sagt in seiner Rede zum Dolf-Sternberger-Preis, er habe vor Kurzem eine »angemessen repräsentative und sichtbare deutsche und europäische Flagge« in sein Zimmer im Bundestag gestellt: »Für mich symbolisieren diese Fahnen ein Deutschland, ein Europa, das weiter auf dem aufbaut, was wir nach der Urkatastrophe der Naziherrschaft in der Bundesrepublik und in der Europäischen Union geschaffen haben.«

Nun hat sich die Weltpolitik Ende der Achtzigerjahre in einer Weise verändert, wie sie kein Deutscher zu erträumen wagte. Und mit der Vereinigung der beiden deutschen Staaten wurden Tabus aufgehoben, die bisher die Reflexionen auch deutscher Staatsdenker beeinflusst hatten.

Spätestens mit der deutschen Einheit wird die Frage nach der deutschen Nation wieder gestellt, und die Berufung auf die Verfassung reicht nicht mehr aus. Der Begriff *Verfassungspatriotismus* ist ungenügend, weil die Deutschen in der ehemaligen DDR das Grundgesetz von Westdeutschland annehmen mussten – ob sie wollten oder nicht.

»Ich sage bewusst ›annehmen mussten‹, weil keine Zeit blieb, länger darüber nachzudenken«, erklärte der ostdeutsche Dirigent Udo Zimmermann ein Jahr nach der Vereinigung. Und er drückt damit aus, was selbst dreißig Jahre nach der Wiedervereinigung viele ehemalige DDR-Bürger denken. Zimmermann meint, der Satz ›annehmen müssen‹ sei genau der richtige Ausdruck, weil damals »keine Zeit blieb, über eigene Biografien, über vierzigjährige Lebensläufe, über Vita, über Lachen, Tränen, Hoffnung, Zweifel und Angst nachzudenken. Man konnte nicht sorgfältig genug prüfen, inwiefern ein Stück eigene Identität – die Identität eines vierzigjährigen Lebens, für manchen ein ganzes Leben – hier und dort verloren gehen musste. ... Heute müssen wir das Fremde eines Staatsgesetzes der Bundesrepublik Deutschland zu unserem Eigenen machen, ohne in dem Fremden schon richtig gelebt zu haben. Heute müssen wir Rechte verteidigen, ohne sie schon richtig zu besitzen. Vielleicht sind wir zur Stunde auf der Suche nach einer neuen Identität.«

Wie kein anderer Bundespräsident hat sich Richard von Weizsäcker mit der Frage der deutschen Nation, ihrer Geschichte und den Folgen befasst. Er schafft die Begriffe *Geschichtspatriotismus* und *Aufgabenpatriotismus*. Damit will er das Verpflichtende wie auch das Verbindende hervorheben. Denn sowohl in der gemeinsamen Geschichte wie auch in den gemeinsamen Aufgaben befänden sich, so Weizsäcker, »die entscheidenden Merkmale, die uns als das charakterisieren, was wir sind, was wir verletzt haben, was wir aber auch bewältigen können«.

Wer aus der Geschichte der Nationen Lehren zieht und bedenkt, dass die Menschen nicht nur vernunftgelenkt, sondern auch gemütsabhängig sind, der wird von mehreren Voraussetzungen ausgehen, um *Nation* – im Sinne von Nationalstaat – heute modern zu definieren:

- Sie umfasst eine Gesellschaft, die eine politische Willensgemeinschaft innerhalb eines bestimmten geografischen Gebietes bildet; diese Willensgemeinschaft gründet auf dem Gedanken des Selbstbestimmungsrechts und der Souveränität des Staatsvolks;

- alle Mitglieder der Gesellschaft sind vor dem Gesetz gleich und verstehen sich als Solidargemeinschaft;
- aus der gemeinsamen geschichtlichen und kulturellen Herkunft entwickelt die Nation einen Grundkonsens,
- aber die Gesellschaft umfasst auch mehrere Volks- und Kulturgruppen.

Theoretisch klingt diese Aufzählung gut, aber praktisch ist es sehr schwer, sich nach dieser Definition zu richten. Denn wie viel Müll aus der Geschichte schleppen die Deutschen noch mit sich, einmal als eine Last, die zu politischen Reaktionen oder auch leicht zu Selbsthass führt. Zum anderen aber überleben noch immer Reste aus Mythen, die Deutsche zu dem Glauben verleiten, sie seien »besser«, als sie selber merken. Da wird etwa der geschichtliche und kulturelle Grundkonsens angesprochen, aber gibt es den überhaupt in Deutschland? Hat die DDR nicht einen anderen Weg zur Nation gesucht – und bleiben solche Gedanken nicht in den Köpfen der ostdeutschen Bürger bestehen?

# Nationalstolz und Identität

Kann man stolz sein auf sein Land? Ein Franzose, ein Engländer, ein Spanier würde diese Frage gewiss ohne Zögern mit einem klaren *Ja* beantworten. Aber die Deutschen sind da zögerlich.

Als ich in Paris lebte, habe ich die Franzosen immer wieder um ihre unverbrüchliche Treue zur Nation und zur Republik beneidet. Als ich Staatspräsident François Mitterrand in einem Gespräch fragte, ob er nicht die deutsche Zurückhaltung in vielen politischen Fragen wegen der Vergangenheit des Dritten Reichs verstehe, wiegelte er ab. Jedes Land habe in der Geschichte seine schlechten, aber auch seine guten Erfahrungen – und das gelte ebenso für die Deutschen.

Regierungssprecher unter Mitterrand war eine Zeit lang der Sozialist und Historiker Max Gallo. Als er ein Buch mit dem Titel *Fier d'être français* – Stolz, Franzose zu sein veröffentlichte, fragte ich mich, ob ein Deutscher sich zu solch einem Thema hinreißen lassen würde.

Als ich Literaturnobelpreisträger Günter Grass

einmal fragte, ob er stolz auf Deutschland sein könne, erklärte er, er sei stolz auf eine konkrete Tatsache – nämlich darauf, dabei gewesen zu sein, als Bundeskanzler Willy Brandt bei seinem Besuch im Warschauer Getto, das auf Befehl Himmlers von den Deutschen 1944 völlig zerstört wurde, auf die Knie fiel und somit Scham und Reue ausdrückte.

Aber der ehemalige ostdeutsche Bürgerrechtler und Pfarrer Joachim Gauck meinte, lang bevor er Bundespräsident wurde, man solle »dem rechten Rand bestimmte Begriffe« nicht überlassen, dennoch könne er nur sagen: »Ich bin nicht stolz, Deutscher zu sein. Ich würde eher sagen: Ich schäme mich, ein Deutscher zu sein, weil mir aufgrund meiner Erziehung die Scham mehr liegt. Aber eine Dauerscham kommt mir auch ein bisschen verdächtig vor.« Gauck meint, im Protestantismus, aus dem er kommt, werde Scham zu einer Kultur erhoben. Doch in seinem Alter müsse man sich nicht dauernd schämen, was er deshalb auch nicht tue. Aber er freue sich »über Deutschland, wenn ich auf Westdeutschland schaue, dass wir zum ersten Mal eine mehrere Jahrzehnte andauernde Friedens- und Demokratiegeschichte haben. Das ist erfreulich, aber es reicht nicht aus. Ich komme ja aus Ostdeutschland. Und dort schloss sich an die Nazi-Diktatur eine andere, eine andere Kleinbürger-Diktatur an, die auch hinlänglich verdächtig war, sodass ich nicht sagen kann, ich bin stolz darauf.«

Willy Brandt hat einst Wahlkampf geführt mit der Losung »Deutsche, wir können stolz sein auf dieses Land«. Allerdings sagte Brandt nicht, wir können stolz sein auf *unser* Land, sondern auf *dieses*. Damit schränkte er ein, worauf die Deutschen stolz sein können: das Land in diesem Augenblick, in diesem Zustand.

Auch Bundespräsident Roman Herzog bezog seinen Stolz auf eine bestimmte, dem demokratischen Wert »Freiheit« dienende Tat: »Auf die Bürgerbewegung, die die Freiheit im Osten unseres Landes erkämpfte, können wir auch alle stolz sein.«

Doch je mehr Zeit verstreicht und die Geschichte des Nationalsozialismus Vergangenheit wird, verändert sich auch der Einfluss dieser Geschichte auf das Bewusstsein.

»Das schwindende Nationalstolz-Tabu in Deutschland« heißt der Titel einer Untersuchung, die Anfang 2019 vom European Policy Institute und der Berliner politischen Denkfabrik d/part veröffentlicht wurde. Auf die Frage, wie sehr sich eine befragte Person mit der nationalen Identität deutsch empfinde, antworteten nur 10 Prozent *wenig* oder *gar nicht*. 16 Prozent *ein wenig*, 74 Prozent *stark/ sehr stark*. Je älter die Befragten sind, desto stärker nimmt die Identifizierung zu.

Politisch eingeordnet nimmt die Zustimmung von links (59 Prozent) nach rechts (91 Prozent) zu. Aber es gibt auch geografische Unterschiede, die offensichtlich schon immer vorhanden waren.

Der renommierte polnische Schriftsteller Andrzej Szczypiorski, der unter der deutschen Besatzung von Warschau während des Krieges gelitten hatte, reiste Anfang der Sechzigerjahre zum ersten Mal in die Bundesrepublik und traf auf einen »netten älteren Herrn« in Baden-Baden, der ihm sagte: »Wir hier in Baden sind eigentlich keine richtigen Deutschen. Wir ähneln mehr den Franzosen, und das ist auch leicht einzusehen, denn schauen Sie nur, dort auf der anderen Seite des Rheins ist schon Frankreich. Geistig gehören wir mehr dorthin als zu Deutschland.« Schon einen Tag später erklärte ihm in Hamburg ein in Tweed gekleideter »netter Herr mit Pfeife im Mund« und blauer Mütze auf dem Kopf: »Wir hier in Hamburg, in Bremen oder Lübeck, wir sind eigentlich keine richtigen Deutschen. Wir haben andere Sitten und Gebräuche, eine andere Art des Denkens.« Als Szczypiorski sich schließlich erkundigte, wo denn die deutschen Deutschen lebten, wurde ihm erklärt – so erzählte er es im Interview mit der *Frankfurter Allgemeinen Zeitung* 1996 –, die siedelten im Osten Deutschlands. Und tatsächlich kommt die jetzt vorgelegte Studie zu dem Ergebnis, dass diejenigen, die sich am wenigsten mit dem Deutschsein identifizieren, in Hamburg (53 Prozent), Bremen (64 Prozent) und im Saarland (64 Prozent) wohnen, dagegen ist aber die Identifizierung in den ostdeutschen Bundesländern am stärksten: Brandenburg (86 Prozent), Sachsen und Thüringen (84 Prozent).

Regionale Unterschiede gibt es auch bei der Bewertung, auf welche Aspekte die Deutschen stolz sind. Im nationalen Durchschnitt steht an erster Stelle das Grundgesetz, das im Norden 40 Prozent nennen, allerdings im Osten nur 30 Prozent. Umgekehrt sind im Osten 45 Prozent stolz auf das kulturelle Erbe, aber nur 21 Prozent im Norden und 26 Prozent im Süden.

Im Bekenntnis zum Grundgesetz steckt die Bejahung des Verfassungsstaates. Dagegen beinhaltet die starke Bewertung des kulturellen Erbes Gefühle für eine enge Bindung an die Heimat.

# Identität sucht Heimat

Heimat kann ganz klein beginnen. In der Wohnung, in der man aufwächst, auf der Straße, dem Kinderspielplatz, der Wiese, am Ufer oder Bach, an dem man geplanscht hat. Wenn ein Kind – nennen wir es Anna – vor dem Vorgarten der Nachbarin, die schöne Tulpen gepflanzt hat, mit ihren Freunden Ball spielt, wird sie darauf achtgeben, den Ball nicht in die Blumen zu schießen. Denn ihr Gefühl sagt, die Nachbarin wäre sonst traurig. Ganz unbewusst übernimmt Anna Verantwortung, sie identifiziert sich – ohne zu wissen, was Identifikation bedeutet – mit diesem kleinen Teil Heimat und will ihn beschützen. Auch wenn sie selbst vielleicht gar keine Tulpen mag. Aber sie wahrt die Interessen der Nachbarin wie ihre eigenen. So wie im Kleinen wirkt Heimat auch im Großen.

Es sind weniger bewusst durch Vernunft gesteuerte Einsichten, wie etwa das Bekenntnis zum Verfassungspatriotismus, als tief verankerte Gefühle, die einen Menschen dazu veranlassen, sich mit einer Nation zu identifizieren. Nur wenn diese Identifikation stattfindet, ist der Staatsbürger auch bereit, die Nation durch eigenes Handeln zu unterstützen. Nüchtern betrachtet kann sich der Einzelne die Frage stellen:

»Weshalb soll ich mich eigentlich mit meiner Nation identifizieren?«

Nun, es gibt ein Motiv!

Wer sich als Mitglied einer größeren Gemeinschaft empfindet, steigert mit den Erfolgen, die dieser Gruppe zugerechnet werden, auch sein eigenes Selbstwertgefühl.

Der Wunsch nach Identifikation ist leicht festzustellen: Wenn heute die deutsche Fußballnationalmannschaft gewinnt, wenn deutsche Tennis-Weltstars antreten, wenn deutsche Biathletinnen Goldmedaillen erringen, wenn ein deutscher Autorennfahrer Weltmeister wird, wenn ein Oscar oder gar ein Nobelpreis an eine Deutsche geht, dann wächst das Interesse im Quadrat, dann schnellen beispielsweise in der *Sportschau* die Einschaltquoten in die Höhe.

Wenn wir von der *nationalen* Identität sprechen, beziehen wir uns unwillkürlich auf die Nation als Kollektiv. Wenn wir den Begriff *Nation* nun politisch definieren, beruht er auf den Erkenntnissen der Vernunft. Der Mensch ist allerdings kein rein vernunftgesteuertes Wesen. Zu seiner Identität gehört auch ein gewisses Maß an Gefühlen, die sich aus dem Leben im Kollektiv ergeben.

Dem Bewusstsein für die Nation steht das Gefühl

für die Heimat gegenüber. Nation und Heimat sind die beiden Seiten einer Medaille. Das Bekenntnis zur einen entspringt der Vernunft, das zur anderen dem Gefühl.

Die Identifizierung mit der Nation ist sicher schwieriger als die Sehnsucht nach Heimat. Denn der kritische Umgang mit all den Faktoren, die heute eine moderne Nation ausmachen, heißt lernen, heißt auch leiden.

Ein Heimatgefühl stellt sich dagegen unbewusst ein. Ich fühle mich dort heimisch, wo mich Wärme empfängt, wo ich Geborgenheit spüre. Nur nach Heimat kann man sich sehnen, nicht nach der Nation.

Allerdings benötigen wir eine neue Definition von Heimatgefühl, weil durch die derzeit in Westdeutschland revanchistisch auftretenden Vertriebenen- und Heimatverbände das Wort *Heimat* für rational denkende Deutsche so belastet worden ist, dass es – ähnlich wie *Nation*, *Volk* und *Vaterland* – eher negativ besetzt ist. Denn in ihrer Charta schrieben diese Verbände den territorialen Anspruch auf ihre Heimat fest, eben jene Gebiete im Osten Europas, aus denen sie als Folge des von den Nazis angezettelten Zweiten Weltkriegs vertrieben wurden. Die Geschichte lässt sich nicht zurückdrehen, auch wenn das Leiden verständlich ist. Denn der Verlust der Heimat ist häufig mit einem großen Schmerz verbunden, es werden schließlich tiefe menschliche Gefühle verletzt.

Der Schriftsteller Max Frisch erhielt im Jahr 1974 den Grossen Schillerpreis, mit dem in der Schweiz bis 2012 das Lebenswerk von herausragenden Schriftstellern des Landes ausgezeichnet wurde. Die Ehrung aus der Heimat veranlasste Frisch zu einer Dankesrede mit dem Titel *Die Schweiz als Heimat?* Zunächst schlug er im Duden nach, was unter Heimat zu verstehen sei: »Heimat, die (Plural ungebräuchlich): wo jemand zu Hause ist; Land, Landesteil oder Ort, in dem man (geboren und) aufgewachsen ist oder ständigen Wohnsitz gehabt hat und sich geborgen fühlt oder fühlte«.

Frisch sagt, Heimat präge uns und unsere Identität, und bekennt sich deshalb zu dem Bedürfnis nach Heimat. Aber damit meint er nicht das staatliche Territorium der Schweiz und stellt die Frage: »Muss man sich in der Heimat wohlfühlen?«

*Heimat* ist ein rein deutsches Wort, das sich nicht übersetzen lässt. *My country* bezieht sich auf ein Staatsgebiet, *motherland* oder *la patrie* klingen zwar »zärtlicher als Vaterland«, so Frisch, aber beim französischen Ausdruck *la patrie* denke er sofort an eine Schweizer Flagge, ohne dass es ihm dabei heimatlich zumute werde. Im Gegenteil! Als er in der Schweizer Armee als Wehrmann diente, habe er nie unter Heimweh gelitten. Wenn Frisch von sich sagt: »Ich bin Schweizer«, dann tut er das nicht, weil er im Staat namens Schweiz geboren wurde. Sondern er ist Schweizer aus Bekenntnis.

»Was bedeutet Heimat eigentlich für dich, bei deinem unsteten Lebenslauf?«, wurde ich letztens gefragt. Ich bin in Tokio geboren, habe die ersten viereinhalb Jahre in Japan gelebt, bin zunächst in Heidelberg in die Schule gegangen, dann in Paris; in Bonn und den USA habe ich studiert, später habe ich 14 Jahre lang in Washington, New York und Paris als Fernsehkorrespondent gelebt und gearbeitet.

Was bedeutet mir Heimat?

Während des Krieges wurde ich in Tokio geboren und bin mit meinem anderthalb Jahre älteren Bruder in dem kleinen Dorf Kawaguchi an einem See am Fuße des Fuji-Berges aufgewachsen. Als wir vier und fünf Jahre alt waren, sind wir nach Deutschland, genauer: ins Sauerland gekommen. In dem kleinen Dorf Kawaguchi hatten wir die Spiele der japanischen Kinder und auch deren hohe Tonlage beim Sprechen angenommen und damit einen Teil der kollektiven Identität.

Die Kinder im Sauerland wuchsen anders auf, sprachen und spielten anders, entwickelten eine andere Identität und lachten die beiden Neuankömmlinge wegen ihrer Piepsstimmen aus und riefen uns »die Japaner«. Das störte uns nicht. Ja, wir waren sogar stolz darauf, als »Japaner« ein wenig anders als die deutsche Jugend zu sein. Aber hatte ich deshalb ein Heimatgefühl zu Japan, wenigstens zu dem Dorf am Fuji entwickelt? Die geografische Herkunft als Prägung war mir geblieben. Das Geburtsland Japan hält für den Rest des Lebens ein besonderes Interesse wach für Asien, für japanische oder chinesische Kultur, beginnend mit den *Räubern vom Liang Schan Moor* über den *Traum der Roten Kammer* bis zum *King Ping Meh*, von der *Geschichte vom Prinzen Genji* bis zum *Kopfkissenbuch*. Doch als ich Jahre später als Vierzigjähriger noch einmal das japanische Dorf besuchte, in dem wir einst aufgewachsen waren, erkannte ich zwar einiges wieder, aber die Holzhäuser von damals waren in Steinhäuser verwandelt worden. Der Besuch löste keinerlei Gefühle aus, keinen Moment, in dem ich mich dort besonders geborgen fühlte. Im Gegenteil: Jetzt hatte ich die japanische Sprache vergessen, und nichts weckte eine Sehnsucht, keine Menschen, keine Gerüche, keine Laute, kein Naturspektakel. Sollten Gefühle die Erinnerung ein wenig traumhaft wachgehalten haben, wurden sie von der Realität überblendet.

Bis zum Alter von 13 Jahren ging ich in Heidelberg zur Schule. Dort hörten wir Kinder weniger von den Germanen als von Kelten und Alemannen, die auf dem Heiligenberg gesiedelt, und von den Römern, die in Ladenburg ein Kastell gebaut hatten, wo die Soldaten lebten, die den Limes vor den Germanen schützten. Die Kelten und Alemannen waren für uns zivilisierte Menschen, die Römer waren Besatzer, aber die Germanen Leute aus dem dunklen Wald. Das mussten Männer mit Bärten sein. Barbaren, ein Begriff, den wir im Griechischunterricht kennenlernten.

Stolz waren wir auf den *homo heidelbergensis*, denn er verband unsere Herkunft mit alter Vorzeit. Im Sommer stiegen wir Jungs auf unsere Räder und strampelten uns ab, bis wir an das Kiesufer des Rheins bei Mauer kamen, um dort im Fluss zu baden. Hier also war jener *homo* gefunden worden.

Zum Lehrstoff gehörten der Heidelberger Katechismus und die Religionskriege und schließlich die Regel, nach der die Macht unter den Fürsten in Deutschland verteilt wurde: *cuius regio, eius religio*. In der Klasse gehörten alle dem protestantischen Glauben an, nur einer war Katholik. An unserem Religionsunterricht nahm er nicht teil. Und als ich ihn im Alter von 13 fragte, was Katholik zu sein bedeute, machte er, wahrscheinlich weil er es nicht erklären konnte, daraus ein großes Geheimnis: Das würde ich nicht verstehen …

Jeder Heidelberger wird durch die Schlossruine ständig daran erinnert, dass die Stadt einst Residenz des Kurfürsten von der Pfalz war. Und der abgesprengte Pulverturm erinnert dräuend an die Geschichte von Liselotte von der Pfalz, die *Monsieur* heiratete, den Bruder des Sonnenkönigs Louis XIV. Der französische König erhob Anspruch auf Heidelberg und schickte 1689 Truppen unter dem Befehl seines Generals Ezéchiel Comte de Mélac, der die Schwäche der Befestigung von Heidelberg erkannte – das ungeschützte Neckarufer. Mit Booten setzten die französischen Soldaten über und zerstörten die Stadt. Die Bürger wurden in die Heiliggeistkirche gesperrt, die Türen verrammelt. Dann zündeten die Franzosen die Kirche an, und mehrere Hundert Menschen kamen im Feuer um. Das passierte zwar im 17. Jahrhundert, aber solche Geschichten bleiben lange im Gedächtnis der Menschen haften. So nennen Kurpfälzer heute noch gelegentlich ihre Hunde Mélac – bald 350 Jahre nach der brutalen Eroberung von Heidelberg.

Einzelne Ereignisse aus der frühen Schulzeit fügen sich immer noch in das Bild meiner deutschen Erinnerung, weil sie offenbar einen besonderen Eindruck hinterlassen haben. Preußen lag von Heidelberger Schulen weit entfernt. Doch im Unterricht am humanistischen Gymnasium, in dem später Bernhard Schlink seinen Schüler Michael Berg im *Vorleser* lernen lässt, las im Schuljahr 1954/55 ein junger Referendar, vielleicht war er auch gerade Lehrer geworden, den zehn- bis 13-jährigen Schülern aus einem Roman über preußische Kadetten vor. Das Leben der Kadetten, die etwa im Alter von zehn Jahren in das militärische Internat gesteckt und zu Fähnrichen erzogen wurden, wurde als hart, aber spannend geschildert. Die jungen Helden der Erzählung waren etwa so alt wie wir. Und die romantisierte Darstellung des Lebens dieser Kindersoldaten prägte unsere Sehnsüchte, da wir gerade das richtige Alter für Abenteuerträume hatten – und völlig unkritisch erzogen worden waren. Kritisch geworden, erschrak, wer sich von militärischen Träumereien, von nationalistischen Hochgefühlen einmal angezogen gefühlt hatte.

Habe ich Heimatgefühle, wenn ich heute nach Heidelberg komme? Ich kenne die Stadt in- und auswendig, die Straßen, die Wälder – besonders auf der Seite des Philosophenweges. Ich fühle mich hier wohlbehütet, gut aufgehoben, sicher. Aber erstaunlicherweise sind keine Gerüche da, kein Geschmack, keine Geräusche, die mich erinnern. Und auch kaum Bekannte aus meiner Schulzeit.

Aber da wir im Heidelberger Stadtteil Handschuhsheim (genannt »Hendese«) gewohnt hatten, bat mich der entsprechende Stadtteilverein, 2015 die Schirmherrschaft über die 1250-Jahr-Feier zu übernehmen. Eine Ehre, die ich gern akzeptiert habe. Aber zu den Feiern bin ich dann nicht gefahren. So viel Heimatgefühl war doch nicht mehr vorhanden. Nein, ich fühle mich nicht mehr als Einheimischer.

Von Heidelberg ging es nach Paris – in eine französische Schule. In Frankreich gesellten sich zu meiner Identität nicht nur Toleranz gegenüber dem Denken eines anderen Volkes, sondern neben Descartes und Pascal, Corneille und Racine, Henri IV und Louis XIV die universelle Revolution mit ihren Kindern, die Republik und die Nation. Und somit lernte ich, unabhängiger zu denken. Denn ich erfuhr, dass es für viele Begriffe, etwa *Demokratie* oder *Nation*, mehrere Sichtweisen und Definitionen gibt – nicht nur die deutsche, aber auch andere als die französische. Und da ich auf eine französische Schule ging, lernte ich die Sprache so, dass sie später den Lauf meines Lebens mit bestimmen sollte. Ich definiere Heimat seither nicht nur geografisch, sondern verbinde die Gefühle mit einer Idee, die hinter dem Begriff *Heimat* leuchtet.

Denn kaum hatte ich begonnen, den Beruf des Journalisten auszuüben, wurde ich stets nach Frankreich in den Einsatz geschickt. »Der Wickert kann doch Französisch.« Von der Wahl Giscard d'Estaings im Jahr 1969 an bis zur Wahl von Emmanuel Macron 2017 habe ich über alle Präsidentschaftswahlen in Frankreich berichtet. Zehn Jahre lang habe ich dort als Fernsehkorrespondent der *ARD* gearbeitet. Ich habe inzwischen mehrere Bücher über Frankreich und Paris geschrieben, einige meiner Bücher sind ins Französische übersetzt worden. Meine Kriminalromane habe ich in Paris angesiedelt, die Hauptfigur ist ein französischer Untersuchungsrichter namens Jacques Ricou. Dessen Vornamen Jacques habe ich von einem guten französischen Freund entliehen.

Gerüche können Heimatgefühle auslösen, und in Paris sind sie da: Wenn ich im Winter über einen

Metro-Schacht laufe und die stickige Luft einatme, die von unten herausdampft und die manch einer als Gestank empfinden könnte, dann fühle ich mich zu Hause. Ich übernachte immer im selben Hotel in dem Quartier, wo ich lange Jahre gewohnt habe. Auf der Straße treffe ich auch schon mal zufällig Bekannte. Wenn ich an einer Boulangerie vorbeigehe und den Duft von frischen Baguettes rieche, wenn ich in der Fromagerie in der Rue de Grenelle den Duft von Heu und Kühen einatme, entwickelt sich ein Wohlgefühl. Ich bin bei mir. Ich weiß, in welchem Bistro in »meinem Dorf« ich die an »meinem« Kiosk gekaufte Zeitung lese und was ich zum Frühstück bestelle. Und fahre ich nach Paris, dann rufe ich nur einige meiner Bekannten, ja Freunde an, damit die anderen nicht wissen, dass ich wieder zu Besuch war und ich sie nicht aufgesucht habe. Als mich schließlich der Bürgermeister von Paris Bertrand Delanoë bat, als Botschafter von Paris in Deutschland für die Olympischen Spiele 2012 in Paris zu werben, fühlte ich mich sogar eingemeindet.

Allerdings geht es mir wie Kurt Tucholsky, der den klugen Sinnspruch geprägt hat: »Den Deutschen muss man verstehen, um ihn zu lieben. Den Franzosen muss man lieben, um ihn zu verstehen.«

Ich scheine den Franzosen zu lieben: Als ich in Frankreich lebte, habe ich als Journalist den französischen Rechtsradikalismus und Rassismus, Antisemitismus und Nationalismus nüchtern als politische Phänomene analysiert. Dagegen treffen Rechtsradikalismus und Rassismus, Antisemitismus und Nationalismus in Deutschland vor allem meine Gefühle und schmerzen. Da fühle ich mich als Staatsbürger haftbar und will den Extremismus politisch bekämpfen.

Die Identifikation mit nationaler Identität und Heimat weckt das Verantwortungsgefühl.

Vielleicht kann man Heimat sogar an mehreren Orten fühlen. Vielleicht darf man dann auch den ungewöhnlichen Plural nutzen und von Heimaten sprechen – wie es manche tun.

In der globalisierten Welt mag man sagen, es gebe verschiedene Interpretationen von *Heimat:* die Heimat derjenigen, die sich überall zu Hause fühlen, und die Heimat derjenigen, die verwurzelt geblieben sind.

Als ich in den USA studierte, war John F. Kennedy Präsident, und ein Kernsatz von ihm – gesprochen bei seiner Inauguration 1961 – hat sich in meine Identität eingebrannt: »Frag nicht, was dein Land für dich tun kann, frag, was du für dein Land tun kannst.« Seitdem fühle ich mich nicht nur für mich selbst verantwortlich, sondern auch für den Zustand der Gesellschaft in Deutschland. Kaum war ich aus den USA zurück, habe ich mich an der Bonner Universität in das Studentenparlament wählen lassen. Aus Verantwortung wollte ich mich für die Belange der Gemeinschaft einsetzen.

Das Denken in den Vereinigten Staaten hat mich auch noch in anderer Weise geprägt. In Connecticut habe ich ein Jahr lang an der Wesleyan University studiert, war kurz in Washington Korrespondent und habe drei Jahre lang in New York als *ARD*-Fernsehkorrespondent gearbeitet.

Schon an der Universität lernte ich, was den Amerikanern der Wert *Freiheit* bedeutet. Besonders wichtig ist ihnen die Freiheit vom Staat. Man ist nicht frei *für etwas*, sondern frei *von allem*. Der Einzelne darf Waffen tragen, weil Staatsbeamte auch bewaffnet sind. Der Bürger aber ist König, der Polizist ein Diener. Soll der König also unbewaffnet seinem Diener gegenübertreten? Niemals! Die Diskretion, die der Franzose seinem Mitmenschen gewährt, wird in Amerika noch wichtiger genommen: Besonders im Westen fragt man noch heute keinen Unbekannten, woher er kommt. Nennt er sich Smith, dann geht man davon aus, dass er Smith heißt oder Gründe hat, sich Smith zu nennen.

*Freiheit* bedeutet in den USA aber auch, dass der Staat sich nicht um den Bürger kümmern soll. Solcherlei Einmischung lehnt der Bürger meist ab – daher der Widerstand gegen die staatliche Gesundheitsfürsorge. In Deutschland wird diese vermeintlich excessive Freiheit der Amerikaner von einem deutschen Bürger, der in Kategorien des Sozialstaats denkt, mit Unverständnis wahrgenommen.

Während ein deutscher Künstler lieber »Staatsknete« als finanzielle Unterstützung für seine

Kunstprojekte beansprucht und die Abhängigkeit von der Wirtschaft, vom »schmutzigen« Kapitalismus als unanständig empfindet, sucht der amerikanische Künstler seinen Sponsor bei der Wirtschaft, um bloß nicht vom Staat, der ihm dann vielleicht auch noch reinredet, abhängig zu sein.

In der unterschiedlichen Definition des Freiheitsbegriffs steckt sogar der Kern für das deutschamerikanische Missverständnis, etwa wie mit der Scientology-Sekte umgegangen werden soll. In Deutschland will der Staat den Bürger vor einer sich religiös gebenden Vereinigung schützen, die Menschen unterdrückt, finanziell aussaugt, vielleicht gar zerstört.

In den USA hat der Bürger die Freiheit, sich jeder Sekte anzuschließen. Wenn er dabei schlechte Erfahrungen macht, dann fallen diese in seine eigene Verantwortung. Der Staat zeigt sich nicht gleichgültig, sondern dieses Verhalten gehört zum Konzept der amerikanischen Freiheit.

In Deutschland wird die Freiheit zugunsten der Gleichheit eingeschränkt. Ich ziehe die amerikanische Freiheit vor.

Zu den Träumen, die mein Leben bewegten, gehörte auch der Wunsch, in New York leben zu können. Als Student hatte ich schon in einem Hotel an der Park Avenue am Empfang gearbeitet. Und das Glück wollte es, dass ich sehr viel später als *ARD*-Fernsehkorrespondent für drei Jahre nach Manhattan entsandt wurde. Wenn ich die Sirenen der Feuerwehr oder der Polizeiwagen in den Schluchten der Hochhäuser höre – es gibt sogar eine CD, auf der die Geräusche von Autoreifen zu hören sind, die über die Brooklyn Bridge fahren –, fühle ich mich zu Hause, ja, habe ich heimatliche oder vielleicht sogar heimische Gefühle für eine Stadt, deren Sohn ich nur recht kurze Zeit gewesen bin.

Ähnlich empfindet auch der Essayist Daniel Schreiber, 1977 in einem mecklenburgischen Dorf geboren und dort unter schwierigen Bedingungen aufgewachsen, da er als schwuler Junge aller Art von Gewalt ausgesetzt war. Sein Buch *Zuhause* nennt er eine *Suche nach dem Ort, an dem wir leben wollen.* Eine in unsere Zeit der Grenzenfreiheit passende Suche nach der Heimat.

Das Dorf in Mecklenburg, in dem er aufwuchs, ist nicht der gesuchte Ort. 2001 zieht er kurz nach den Attentaten auf das World Trade Center nach New York, und die Stadt wird zu seinem Sehnsuchtsort. »Mehr noch, es war das erste Mal seit meiner frühesten Kindheit, dass ich mich wirklich zu Hause gefühlt habe. Ich habe mich damals gefragt, warum ich mich dort so viel wohler fühlte als in Deutschland, und ebenso oft habe ich mir gewünscht, dass das nicht der Fall wäre.«

Er macht sich Gedanken über die Sprache. Denn ein großer Teil seines Lebens spielte sich nun auf Englisch ab.

Sprache ist für Daniel Schreiber immer eine Art

Zuhause. Und er weist auf den französischen Psychoanalytiker Jacques Lacan hin, der meint, es sei unmöglich, die Welt und Wirklichkeit unabhängig von unserer Sprache wahrzunehmen: Was immer wir sehen, hören, riechen oder fühlen, so Lacan, existiere für uns nur, weil wir es sprachlich verarbeiten können, so unzulänglich diese sprachliche Verarbeitung auch ist.

Schreiber beginnt in New York eine Psychoanalyse und ist sich heute ziemlich sicher, »dass ich meine Psychoanalyse niemals hätte auf Deutsch beginnen können. Ich wäre ein anderer, mit hoher Wahrscheinlichkeit unglücklicherer Mensch, wenn ich nie in der für mich zunächst fremden Sprache aufgegangen wäre.« Deutsch ist für ihn nicht nur die Muttersprache, sondern »immer auch die Sprache von Grausamkeit und Missachtung«.

Trotzdem verlässt Schreiber New York und sucht sich sein Zuhause in Berlin und erkennt: Zu Hause zu sein ist gleichbedeutend mit Identität: »Will man sich zu Hause fühlen, muss man sich zu einem gewissen Grad mit bestimmten Gruppen identifizieren können, mit bestimmten Aspekten des Landes, in dem man lebt, und nicht zuletzt mit den Erzählungen und Stimmungen, die den eigenen Wohnort ausmachen.«

Ich hatte schon als Student beschlossen, nicht in den USA zu bleiben, sondern wieder nach Deutschland zurückzugehen. Der Grund war die Muttersprache »Deutsch«. Ich hatte zwar keinerlei bewusste Vorstellung davon, welchen Beruf ich einmal ausüben würde. Aber mir war klar, ich würde dafür meine Muttersprache brauchen. Im Deutschen fühlte ich mich heimischer, vertrauter als im Französischen, das ich doch in der Schule in Paris gelernt und gesprochen, oder im Englischen, in dem ich an der amerikanischen Universität studiert hatte. Die Sprache ist mir Heimat. Eine Heimat, die ich auch mitnehmen kann.

Wie stark emotionale Bindungen an die eigene Heimat sein können, hat fast jeder schon selber erfahren, der die Heimat verlassen hat oder – besonders schmerzlich – aus der Heimat vertrieben wurde.

»Wenn kein Land mehr in Sicht ist, gibt es dann noch dieses andere Wort ›Heimat‹?«, fragt der Filmregisseur Wim Wenders in *Reden über Deutschland* und meint: »Wo anders erfährt man das Heimatland besser als in der Ferne, in der Form des ›Heim-Wehs‹?!« Und er schildert seine Gefühle, als er sieben Jahre in Amerika lebte, weil er dort »amerikanischer Regisseur« werden wollte. »Aber dann habe ich gelernt, dass es nicht reichte, in ›Amerika‹ zu leben, man musste vielmehr auch ›wie ein Amerikaner‹ leben, wie ein Amerikaner handeln, denken und reden. Als es mir zum ersten Mal passierte, dass ich nach einem deutschen Wort suchte, wo ich das englische kannte, wo ich also in dieser fürchterlichen Situation war, mitten in einem deutschen

Satz sagen zu müssen: ›Wie sagt man noch‹, um dann das englische Wort einfließen zu lassen, da war ich entsetzt, ›von den Socken‹. Das war das Moment des Heimwehs. Ich war dabei, mir etwas abhandenkommen zu lassen. Nicht nur ein Wort, und dann wohl langsam immer mehr Wörter, was ja schon schlimm genug war, nein, diese Wörter standen ja für etwas anderes, für meine *Sprache* ... Meine Sprache war auch meine *Haltung*, mein Verhältnis zur Welt.«

Max Frisch geht es ähnlich. In seiner Rede *Die Schweiz als Heimat?* kommt er auf den Schweizer Dialekt zu sprechen: »Unsere Mundart gehört zu meiner Heimat.«

Welche Wirkung der Dialekt aus der Heimat haben kann, schildert Jean Améry, der als junger österreichischer Jude namens Hans Mayer im Januar 1939 vor den Nazis nach Belgien geflohen war, dort im Untergrund lebte, gefasst und nach Auschwitz gebracht wurde, wo er überlebte. Nach dem Krieg wohnte er als Schriftsteller in Brüssel und änderte seinen ursprünglichen Namen Mayer in Améry. Aus Hans wurde Jean. 1966 stellte er sich und seinen Lesern die Frage: *Wie viel Heimat braucht der Mensch?* Ein sehr nachdenklicher Text eines Mannes, dem seine Heimat gestohlen worden war.

Améry fordert auf, sich von althergebrachten, romantisch klischierten Vorstellungen zu trennen. »Heimat ist, reduziert auf den positiv-psychologischen Grundgehalt des Begriffs, *Sicherheit* ... Heimat ist Sicherheit, sage ich. In der Heimat beherrschen wir souverän die Dialektik von Kennen-Erkennen, von Trauen-Vertrauen: Da wir sie kennen, erkennen wir sie und getrauen uns zu sprechen und zu handeln, weil wir in unsere Kenntnis-Erkenntnis begründetes Vertrauen haben dürfen. Das ganze Feld der verwandten Wörter treu, trauen, Zutrauen, anvertrauen, vertraulich, zutraulich gehört in den weiteren psychologischen Bereich des Sich-sicher-Fühlens. Sicher aber fühlt man sich dort, wo nichts Ungefähres zu erwarten, nichts ganz und gar Fremdes zu fürchten ist. In der Heimat leben heißt, dass sich vor uns das schon Bekannte in geringfügigen Varianten wieder und wieder ereignet.«

Und auch bei Améry stoßen wir auf die Bedeutung der Sprache: »So wie man die Muttersprache erlernt, ohne ihre Grammatik zu kennen, so erfährt man die heimische Umwelt. Muttersprache und Heimatwelt wachsen mit uns, wachsen in uns hinein und werden so zur Vertrautheit, die uns Sicherheit verbürgt.«

Das Gefühl der Vertrautheit kann allerdings auch gefährlich werden. In Brüssel gehörte Jean Améry (damals noch als Hans Mayer) zu einer Widerstandsgruppe gegen die Nazis, einer Gruppe junger Menschen, die Flugblätter mit verbotenem Inhalt herstellte und verteilte. Die Wohnung des Mädchens, in der das Vervielfältigungsgerät stand, lag über dem Quartier von »deutschen Soldaten«. Und die Arbeiten am Gerät wie auch lautes Reden störten die Mittagsruhe eines unter ihr wohnenden Deutschen.

»Er stieg hoch, pochte hart an der Tür, trat polternd über die Schwelle: ein SS-Mann mit den schwarzen Aufschlägen und den eingewebten Zeichen ausgerechnet des Sicherheitsdienstes!«, schildert Jean Améry sein Erschrecken. Der Mann verlangte brüllend nach Ruhe für sich und seinen vom Nachtdienst ermüdeten Kameraden.

»Er stellte seine Forderungen – und dies war für mich das eigentlich Erschreckende an der Szene – im Dialekt meiner engeren Heimat. Ich hatte lange diesen Tonfall nicht mehr vernommen, und darum regte sich in mir der aberwitzige Wunsch, ihm in seiner eigenen Mundart zu antworten. Ich befand mich in einem paradoxen, beinahe perversen Gefühlszustand von schlotternder Angst und gleichzeitig aufwallender familiärer Herzlichkeit, denn der Kerl, der mir in diesem Augenblick zwar nicht gerade ans Leben wollte, dessen freudig erfüllte Aufgabe es aber war, meinesgleichen in möglichst großer Menge einem Todeslager zuzuführen, erschien mir plötzlich als ein potenzieller Kamerad. Genügte es nicht, ihn in seiner, meiner Sprache anzureden, um dann beim Wein ein Heimat- und Versöhnungsfest zu feiern?«

*Denk ich an Deutschland* nennt der *Deutschlandfunk* eine zehnminütige Sendung, in der sich jeden

Sonntagfrüh eine Person dazu äußern kann, wie sie zu Deutschland steht. Der in Hamburg geborene deutsche Filmregisseur Fatih Akin, dessen Eltern aus der Türkei stammen, meinte dort im Februar 2019, ob er sich als Deutscher, als Türke, als Deutschtürke oder als Mensch definiere, hänge davon ab, in welchem Zusammenhang das von Bedeutung sei. Er spricht von dem Gefühl der Liebe zu diesem Land und bekennt, dass Deutschland seine Heimat ist. Und das meint er nicht nur geografisch. Er liebt Deutschland als Idee, »wo noch gelesen wird, wo es Schulpflicht gibt, wo es noch Meinungsfreiheit gibt. Das sind wichtige Werte, die es zu verteidigen gilt.«

»Deutschland«, so Fatih Akin, »ist meine Heimat.«

Unmissverständlich und klar sagt er über Deutschland: »Ich identifiziere mich auch mit diesem Land.« Damit bekennt Fatih Akin, dass er seine nationale Identität als Deutscher wahrnimmt und daraus Konsequenzen zieht, wenn es auch eine Weile gedauert hat, bis sein Bewusstsein und seine Gefühle so weit gereift waren. Seine anfängliche Unsicherheit betraf besonders die Frage des Völkermords der Deutschen an den Juden. Zunächst fragte sich Akin, was er damit zu tun habe. Er habe »seinen eigenen Völkermord« zu tragen und meinte damit die Ermordung der Armenier in der Türkei zu Zeiten des Ersten Weltkriegs. Schließlich findet seine nationale Identität ihre Heimat, indem Fatih

Akin die Konsequenzen aus der deutschen Geschichte zieht: »Ich habe als Mensch für jeden Völkermord in der Welt, ob Namibia, auf den Philippinen ... Verantwortung.«

*Verantwortung* ist ein Schlüsselbegriff, wenn es um die nationale Identität und Heimat geht. Mit dem Bekenntnis zu seiner Heimat wird man eins mit seiner nationalen Identität. Wie sagte doch Habermas:

»Erst das Bewusstsein der Zugehörigkeit zu ›demselben‹ Volk macht die Untertanen zu Bürgern eines einzigen politischen Gemeinwesens – zu Mitgliedern, die sich *füreinander* verantwortlich fühlen können.« Das ist die Grundlage jeder Demokratie.

# Volkes Sprache

In London war ich zur Teestunde bei einer älteren Lady in eine edel eingerichtete Wohnung eingeladen. Sie setzte sich immer mit dem Rücken zum Licht, denn – so erklärte sie mir – dann sähe man ihre Falten weniger. Mit einem Witz, den sie erzählte, erntete sie bei den um ihren Teetisch sitzenden vornehmen Damen und Herren große Heiterkeit.

Der Witz lautet so: Welche Sprache der Welt klingt am schönsten? Das könne man am besten an einem Begriff ausprobieren, meinte sie, den man in allen Sprachen kennt: *butterfly*.

Der Engländer: »*Butterfly* – klingt das nicht poetisch?«

»Nein«, widerspricht der Franzose, »erst *papillon* ahmt den Schlag der Flügel nach.«

»Aber«, so der Italiener, »alles nichts gegen *farfalla*. Da schwebt das Wort selbst zart durch die Lüfte.«

Nun hebt der Deutsche an: »Und was habt ihr gegen *Schmetterling*?« (Mit grober Aussprache vorgetragen – schmatzendes »Sch« und rollendes »r«)

Großes Gelächter in London.

Ein Gelächter anderer Art löst Charlie Chaplin in *Der große Diktator* aus, einer großartigen Satire über Adolf Hitler, wenn er dort in seiner Rolle als Anton Hynkel eine Rede auf »Deutsch« hält. Das klingt dann so: »Sauerkraut, Blitzkrieg, Stolz, Katzenjammer, straff, schtonk!« – *Schtonk* wurde deshalb der Titel von Helmut Dietls Film über die »Hitler-Tagebücher« des *Stern*.

Man nutzt im Gespräch gern nationale Eigenheiten anderer Völker – um zu loben oder zu lachen. Die Deutschen sind ordentlich, fleißig und sparsam – aber humorlos. Die Italiener sind hinter Frauen her, singen laut und essen Pizza. Die Franzosen haben die Liebe erfunden und die gute Küche, den Käse und die Baguettes ... Und so urteilt man auch über die Sprache der anderen, um sich selbst zu erhöhen.

Nun ist die Sprache eines der wesentlichen Merkmale der kollektiven Identität, wobei der heimatliche Dialekt, gar die Mundart zusätzlich Empfindungen aussenden, die zum Kern auch eines modernen Heimatgefühls gehören können.

Für die französische Identität steht die Sprache fast an erster Stelle. Da mag auch der Satiriker und Schriftsteller Antoine de Rivarol 1784 in seiner Rede an der Preußischen Akademie der Künste in Berlin über die Universalität der französischen Sprache zunächst davon gesprochen haben, sie sei nüchtern und schüchtern. Ja, er klagte, sie sei die letzte der Sprachen, um dann aber festzustellen, die Masse der guten (französischen) Schriftsteller habe sie auf den ersten Rang gehoben.

Dort sehen sie deutsche Autoren aber keinesfalls. Johann Gottfried Herder, der Ende des 18. Jahrhunderts einige Zeit in Paris lebte, erkannte in ihr nur einen »einförmigen« Gang, und der Franzosenhasser Ernst Moritz Arndt kritisierte an der französischen Sprache, dass sie jeder festen Betonung entbehre: »Weil das Volk von Anfang an den überwiegenden Trieb zur Geselligkeit hatte, ist sie nie sehr reich gewesen in Zeichen für die innerliche und göttliche Welt.«

Richard Strauss führte einen Briefwechsel mit dem späteren französischen Nobelpreisträger Romain Rolland und schrieb: »Warum singt der Franzose anders, als er spricht? Bei uns hat Wagner das Gefühl für den Sinn der Sprache wieder neu entdeckt. Frankreich scheint mir noch in der Unnatur der Kothurnentragödie des 18. Jahrhunderts zu stecken!« Worauf Romain Rolland zurückgeiferte: »Die französische Sprache ist unser schönstes Kunstwerk, und Sie erwarten, dass wir sie selber zerschlagen? Wir in Frankreich sind zu sehr Künstler. Unsere Sprache stirbt erst mit uns selbst.«

Berühmt sind die ironischen Anmerkungen von Mark Twain, der bei einem Deutschlandbesuch in Heidelberg versucht hat, Deutsch zu lernen. Spöttisch klagt er, im Deutschen würden Sätze mit Ungetümen beginnen, die in keinem Wörterbuch zu finden seien – »sechs oder sieben Wörter zu einem zusammengepackt, und zwar ohne Gelenk und Naht, das heißt: ohne Bindestriche«. Und nachdem man mehrere Zeilen gelesen habe, folge erst das Verb, »und man erfährt zum ersten Mal, wovon die ganze Zeit die Rede war; und nach dem Verb hängt der Verfasser noch ›haben / sind gewesen / gehabt haben / geworden sein‹ an.«

Eine Sprache zu lernen, ob Französisch, Englisch, Italienisch oder Deutsch, ist für ein Kind einerlei. Es übernimmt Laute, die es in seiner Umgebung hört, nennt den flügelschlagenden Papillon nun Butterfly, Farfalla oder Schmetterling. *Unbewusst* nimmt ein junger Mensch Elemente der kollektiven Identität der Gemeinschaft auf, in der er heranwächst. Schon als Kind lernt man einen gewissen Tonfall, einen Dialekt oder Hochdeutsch, bestimmte Begriffe, die im Norden oder Süden Deutschland jeweils anders heißen, aber das Gleiche meinen: ein Brötchen, ein Wecken, ein Rundstück, eine Schrippe.

Zwar verfügt jedes Volk über besondere kulturelle Merkmale, deren herausragendes jeweils die Sprache ist, doch auch die Sprache wandelt sich, und mit ihr die kulturelle Identität. Denn Vergangenheit, Gegenwart und Zukunft des Kollektivs spielen auch über die Sprache eine Rolle bei der Bildung der individuellen Identität. In der Folge der türkischen Einwanderung nach Deutschland hat sich schon vor längerer Zeit hier eine besondere

Sprachvariante entwickelt, die »Kanak Sprak«, die Feridun Zaimoglu, der inzwischen zu einem der wichtigsten und sprachmächtigsten Autoren deutscher Sprache gewachsen ist, 1995 in einem Buch vorstellte. Ein Gemisch aus Immigrantendeutsch, Türkisch, Wortschöpfungen. Junge Leute haben diese Kiez-Sprache auf den Schulhöfen schnell übernommen und nachgeahmt. Der Ethnolekt hat inzwischen längst Einfluss auf die Hochsprache genommen.

So wie sich Sprache und Regionalität nicht trennen lassen, so sind auch Sprache und Geschichte verbunden. Und Empfindsamkeit gegenüber dem Sinn von Worten gilt in besonderem Maße für die Deutschen. Nach wie vor gilt der Satz des 1940 nach New York ausgewanderten Literaturwissenschaftlers George Steiner: »Die Gegenwart von Auschwitz hat auch darin ihren Grund: Wir haben keine andere Sprache als die, in der Auschwitz geboren und vollzogen wurde.«

Die Nazis haben die Sprache als Waffe gegen das Volk benutzt. Joseph Goebbels' Ziel als Chef des Ministeriums für Volksaufklärung und Propaganda und gleichzeitiger Reichspropagandaleiter der NSDAP war: »Das Volk soll anfangen einheitlich zu denken, einheitlich zu reagieren.«

Die Erfahrungen des Dritten Reichs führten den Politikwissenschaftler Dolf Sternberger, den Sprachwissenschaftler Gerhard Storz und den Publizisten Wilhelm E. Süskind zu der Erkenntnis, dass der Verderb der Sprache der Verderb des Menschen sei. Bald nach Kriegsende veröffentlichten sie eine Aufsatzsammlung, die sie mit dem Titel *Aus dem Wörterbuch des Unmenschen* versahen. Ihr Ausgangspunkt war, so Dolf Sternberger, dass »der Sprachkritiker ein Philologe und Moralist zugleich« sein müsse.

In der Bibel steht, am Anfang sei das Wort gewesen, und dieser Satz ist in unserer christlich geprägten Kultur allgegenwärtig und Teil unserer Identität. Ich pflege allerdings anzumerken: Vor dem Wort war das Denken. Nun mag man dem Satz des Kulturkritikers Karl Kraus folgen, der meinte: »Sprechen und Denken sind eins.« Und schon lange vor ihm machte Wilhelm von Humboldt die Beobachtung, die Sprache der Völker sei » ihr Geist, und ihr Geist ist ihre Sprache – man kann sich beide nie identisch genug denken!«

Aus der Feststellung, dass Sprechen und Denken eins sind, folgert Sternberger, dass wir beim Benutzen der Sprache nicht nur nach den ästhetischen Maßstäben von schön oder hässlich unterscheiden sollen, sondern in »letzter Instanz nach Maßstäben des Guten und Bösen, insbesondere des Menschlichen und Unmenschlichen«. Und was die Kritik beim Sprachgebrauch angeht, so dürfe sie nicht als fest gefügte Anweisung verstanden werden, sondern der Sprachkritiker gebe Ratschläge, ohne Befehle zu erteilen. Da stimmen Sternberger und Karl

Kraus wieder überein: »Sprachanweisungen müssten unleserlich geschrieben sein, um dem Sprecher annähernd den Respekt einzuflößen, wie das Rezept dem Patienten. Wenn man nur entnehmen wollte, dass vor dem Sprachgebrauch der Kopf zu schütteln sei.«

Recht hat er! Immer wieder drängt sich mir der Gedanke auf, dass eine Tabu-Haltung gegenüber manchen Begriffen schon als kritisches Denken angesehen wird. Tabus haben aber mit Bewusstsein nichts gemein, denn der Sinn von Tabus ist es ja, das Denken zu blockieren.

Tabu sind in Deutschland – wegen des Dritten Reichs – Worte wie etwa »Führer«. So schildert der Literaturkritiker Hellmuth Karasek mit großem Vergnügen, wie ihm der Dramatiker Rolf Hochhuth einmal erklärt habe, er könne nicht Auto fahren, denn einen »Führerschein« zu machen, sei ihm nie in den Sinn gekommen, weil darin das Wort »Führer« vorkomme. Tatsächlich hat der Autor Hochhuth dann auch im letzten Akt seines Ende 2003 veröffentlichten Stücks *McKinsey kommt* die Regieanweisung eingefügt: »Auf das Wort ›Führer‹ konnten wir Deutschen nicht einmal bei ›Führerschein‹ … verzichten, als wir nach des Führers Tod die Republik gründeten.«

Da bestimmt der Kritiker Hochhuth die Gebote und Verbote, worüber sich der zur Ironie begabte Hellmuth Karasek amüsierte: »Ich hab ja, obwohl man in meiner Kindheit mit erhobenem Arm ›Heil

Hitler‹ grüßte, was damals alles andere als komisch war, ›Heil Hitler‹ und ›Sieg Heil‹, trotzdem im Nachkrieg Heilbutt gegessen und Heilkräutertee getrunken.«

Was Tabus bewirken, habe ich selbst erfahren. Wahrscheinlich angeregt durch meine Beobachtungen in den USA und Frankreich, habe ich für deutsche Schulen vorgeschlagen, Schuluniformen einzuführen. Der Grund ist leicht erklärt: Durch die einförmige Kleidung werden soziale Unterschiede, die sich heute im Klamotten- und Markenwahn äußern, unsichtbar gemacht. Anderseits führt die Schulkleidung dazu, dass sich alle plötzlich als Teil einer Gemeinschaft empfinden. Ein deutsches Kind unterscheidet sich dann nicht mehr von einem türkischen, griechischen oder asiatischen Kind. Alle sind gleich. In den wenigen Schulen, in denen die Schulkleidung sich durchgesetzt hat, wird diese Maßnahme als äußerst gelungen eingeschätzt.

Aber die Reaktion auf diesen Vorschlag, der auch von Politikern wie Helmut Schmidt vertreten wurde, ist immer wieder ablehnend.

So schreibt denn auch die *FAZ* in einem Artikel für Schuluniformen: »Das klingt nach FDJ und Hitlerjugend, nach Strammstehen und Gleichschritt. Vielleicht liegt es tatsächlich an dem schrecklichen Wort, dass in Deutschland bislang fast alle lokalen Versuche gescheitert sind, Schuluniformen einzuführen.«

Das *Wörterbuch des Unmenschen* zeigt uns, wie sehr die Sprache mit unserer nationalen Identität verbunden ist, und es zwingt uns, mit Worten behutsam umzugehen, aber manchmal vielleicht doch allzu bedächtig. Also verdrängen wir Worte, allerdings mit den Worten auch die Probleme, die diese Worte schildern.

Im Jahr 2018 ernannte die Universität Düsseldorf den ehemaligen Bundespräsidenten Joachim Gauck zum Heinrich-Heine-Professor, weshalb er dort zwei Vorlesungen hielt. Über die erste Vorlesung sollte einen Tag später eine Diskussion stattfinden, und da ich sein Vorgänger im Amt der Heinrich-Heine-Professur gewesen war, wurde ich gebeten, das Gespräch mit ihm zu führen. In seiner ersten Vorlesung ging Gauck auch auf Fragen der Identität und Sprachtabus ein:

»Unsere Gesellschaft hat sich darauf verständigt, den Begriff *Zigeuner* als diskriminierend abzuschaffen und ihn durch *Roma und Sinti* zu ersetzen. Sosehr diese Entscheidung einerseits nachvollziehbar ist, so hat sie doch auch die Illusion begünstigt, allein der Austausch der Begriffe könne die gesellschaftliche Abwertung der Gruppe verhindern. Als irgendwann dann auch nicht mehr von ›Roma aus Rumänien und Bulgarien‹ gesprochen wurde, sondern nur noch von ›Rumänen und Bulgaren‹ die Rede war, erwies sich der Austausch der Begrifflichkeit sogar als Verschleierung: Denn Nachbarn und Behörden haben keine Probleme mit Rumänen und Bulgaren, wohl aber mit einem Teil der Roma aus Rumänien und Bulgarien.«

Der Nationalsozialismus und das Dritte Reich stehen auch für die Verfolgung Andersdenkender, wovon die Deutschen sich heute – zu Recht – distanzieren wollen. Dieses Verhalten ist auch ein Teil unserer heutigen Identiät. Allerdings besteht die Gefahr, dass es auch zu unkritischer Milde, ja, einem Übermaß an Toleranz führt, selbst wenn es um Worte geht, die unseren Werten widersprechen, mit denen aber aus dem Ausland stammende Bürger in Deutschland Verbrechen rechtfertigen.

Ich kann mich regelrecht ärgern und aufregen, wenn jemand das Wort *Ehrenmord* benutzt. Selbst in Anführungszeichen oder mit einem »sogenannt« gehört es zum Vokabular der »Unmenschen«.

Ehre und Mord widersprechen sich.

Die Ehre eines Menschen beruht auf der Menschenwürde.

Der Mord bedeutet die Vernichtung eines Menschen.

Sicher, manchmal lässt es sich nicht vermeiden, etwa im Titel des Buches von Matthias Deiß und Jo Goll. Er heißt schlicht: *Ehrenmord – ein deutsches Schicksal* und war die Vorlage für den 2019 erschienenen Kinofilm *Nur eine Frau*, in dem der Mord an der 23 Jahre alten Hatun Sürücü durch ihren Bruder geschildert wird. Der mordende Bruder begründete die Tat mit dem Satz, er habe die Ordnung in der Familie wiederherstellen wollen.

Ein falsch benutztes Wort wie *Ehrenmord* führt meiner Beobachtung nach zu falschem Denken. Aus falschem Denken wiederum folgt falsches Handeln. Immer wieder werden Frauen, die in Deutschland so leben wollen, wie junge Frauen in Deutschland leben, kaltblütig ermordet. Zum Morden fühlen sich ihre Brüder oder Verwandten verpflichtet, weil sie einen Beschluss des Familienrates durchführen.

Das hat im Fall der Ermordung von Hatun Sürücü zu absurden Reaktionen in der Politik geführt. So berichtete die *SZ* in einer Besprechung des Buches *Ehrenmord – ein deutsches Schicksal:* »Das Verbrechen löste eine beispiellose Diskussion über die sogenannte Parallelgesellschaft aus. Es brachte Politiker dazu, die seltsamsten Sachen zu sagen. So forderte der Berliner Innensenator die gesamte Familie Sürücü auf, das Land zu verlassen, auch die minderjährigen Töchter und diejenigen, die einen deutschen Pass hatten. Als gebe es eine Sippenhaftung.«

Anlässlich der Premiere des Films *Nur eine Frau* forderte auch der türkische Autor Can Dündar in seiner Kolumne in der *ZEIT*: »Nennt es nicht Ehrenmord.«

Die Mörder der Frauen, die ein deutsches Leben führen wollten, kommen vor Gericht. Sie werden auch verurteilt. Aber weil sie sich mit dem Begriff

*Ehrenmord* verteidigen, haben deutsche Richter sich immer wieder dazu verleiten lassen, eine mildere Strafe zu verhängen, da es sich ja in der Heimat der Täter um einen kulturellen Akt, um einen *Ehrenmord* handele. Auch im Fall der Ermordung von Hatun hat die Berliner Justiz sich offenbar zu einem milderen Vorgehen verleiten lassen. Der jüngste Bruder wurde verurteilt, die mitangeklagten Brüder Alpaslan und Mutlu Sürücü wurden aus Mangel an Beweisen freigesprochen. Der Bundesgerichtshof hob diese Freisprüche zwar auf, doch weil die beiden Männer sich inzwischen in die Türkei abgesetzt hatten, konnte der Prozess nicht neu aufgerollt werden. In der Türkei kamen sie schließlich vor Gericht – und wurden freigesprochen.

Ich möchte noch einmal wiederholen: die Sprache ist Teil unserer Identität. Deshalb müssen wir sorgsam mit ihr umgehen. Weder zu tolerant noch zu hart dürfen wir sie definieren. Wir müssen uns bewusst machen: Denken und Sprechen sind eins, Denken und Sprechen leiten das Handeln. Deshalb müssen viele Begriffe in der gesellschaftlichen und politischen Debatte wieder ihrer ursprünglichen Bedeutung oder wenigstens einem verbindlichen Sinn zugeordnet werden. Sie müssten wieder klar ausdrücken, was der meint, der sie benutzt, und nicht dazu dienen, das eigentlich Gemeinte schönrednerisch zu verschleiern.

Klartext reden aber bedeutet ein Problem beim

Namen zu nennen. Selbst wenn es wehtut. Sonst können Probleme nicht in ihrer vollen Tragweite wahrgenommen und erst recht nicht gelöst werden.

Klartext reden genügt aber nicht. Wer sich über einen Zustand beklagt, wer klare Rede und klares Denken einfordert, der muss auch bereit sein, Verantwortung zu übernehmen und entsprechend zu handeln. Der bewusste Umgang mit der Sprache fordert von Personen, die in der Öffentlichkeit Stellung beziehen, eine besondere Anstrengung. Und er bedingt auch Wissen.

Als der französische Präsident Emmanuel Macron im Juni 2019 die Staats- und Regierungschefs und gekrönten Häupter der Länder zu einer Gedenkfeier einlud, deren Soldaten 75 Jahre zuvor bei der alliierten Landung an der von den Deutschen besetzten Normandieküste teilgenommen hatten, berichteten viele deutsche Medien von der »Invasion« der alliierten Truppen. Nun bedeutet der Begriff *Invasion* die Besetzung eines fremden Staatsgebietes. Die Alliierten aber kamen, um Frankreich von der deutschen Besatzung zu befreien. Eine »Invasion« war es also nur aus der Sicht der deutschen Wehrmacht. Das Wort hat sich im deutschen Sprachgebrauch aus dem Dritten Reich in die heutige Zeit »hinübergerettet«.

Es fällt jedem – auch mir – schwer, mit Kritik umzugehen. Trotzdem hilft es manchmal, wenn man sich der Kritik öffnet. So hat der Brief einer Fernsehzuschauerin mir früh in meinem journalistischen Leben die Augen über mein Sprachverhalten geöffnet. Sie stellte fest, dass in einer *Monitor*-Sendung, an der ich mitgearbeitet hatte, mehr als siebzig Fremdworte vorgekommen waren. Und sie stellte die Frage, ob uns bewusst sei, dass viele Leute diese Begriffe gar nicht verstehen würden. Der Brief hatte pädagogische Wirkung auf mich.

In einer Zeitung, in einem Buch mögen schwierige Begriffe vorkommen. Dann kann der Leser nachschauen und den Sinn erkunden. Im Fernsehen verflüchtigt sich jedes gerade ausgesprochene Wort. Es folgt das nächste. Was hat er eben gesagt? Ich hab's auch nicht verstanden. Und schon ist die Aufmerksamkeit verloren gegangen.

In Zukunft habe ich stets an die Mahnung der Zuschauerin gedacht, wenn ich einen Fernsehtext oder gar eine Moderation schrieb.

Nun hat man beim Schreiben häufig die Wahl zwischen verschiedenen Begriffen, die mal einen deutschen, mal einen lateinischen, französischen oder englischen Stamm haben. Man lernt schnell, dass das deutsche Wort stets stärker wirkt als ein Fremdwort.

Nehmen wir etwa den Begriff *Sanktionen*. Der kommt häufig in politischen Berichten vor, etwa wenn der amerikanische Präsident Donald Trump Sanktionen gegen den Iran oder gegen Nordkorea nicht aufheben oder gar verschärfen will. Nun sind

Sanktionen nichts anderes als Strafmaßnahmen. Was *Strafe* bedeutet, weiß schon jedes Kind, weil es wahrscheinlich selbst das eine oder andere Mal gestraft worden ist. Und heißt es nicht im Volksmund: »Die Strafe folgt auf dem Fuße«? Aber gegen welches Kind werden schon Sanktionen verhängt?

Klartext ist unbeliebt, wenn er Zustände, die häufig kritisiert werden, zu genau beschreibt. Seitdem die neoliberalen Finanzgurus in den vergangenen Jahrzehnten die Ökonomisierung des Lebens – und damit der Sprache – vorangetrieben haben, werden fast alle Bereiche des Handelns nur noch nach dem Maßstab bewertet, ob es der Ökonomie nutzt. Was der Ökonomie nutzt, ist gut.

Durch die ökonomische Begründung erhalten Begriffe eine positive oder mindestens neutrale Deutung.

Fachbegriffe aus der Wirtschaftswissenschaft gingen in den allgemeinen Sprachgebrauch über und strahlten eine positive Wirkung aus. Aber sie sorgten bei kritischen Sprachwissenschaftlern zu Recht für Unbehagen.

Ein Beispiel: Ursprünglich brachten fortschrittlich denkende Ökonomen und Politologen wie Robert Solow, Lester Thurow und Robert Putnam in den USA den Begriff *Humankapital* in Umlauf. Sie forderten damit, dass viel mehr in Menschen, das kostbarste Gut einer postindustriellen Gesellschaft, investiert werden solle, genauer gesagt in Bildung und Fortbildung. Die Wirtschaft dürfe nicht nur den materiellen Wert von Maschinen berechnen, sondern müsse auch den Wert des Menschen festlegen, der Herr über die zu bedienenden Maschinen bleibe – Computer hin, Computer her. Damit wurde dem Menschen erst einmal ein eigener Wert im Vergleich zur Maschine zugesprochen. Der Wert des Menschen wurde genauso errechnet wie der des Produktionsmittels.

Nun bewertete eine Jury von Sprachwissenschaftlern den Begriff *Humankapital* nicht ökonomisch, sondern sprachlich und erklärte ihn 2005 zum Unwort des Jahres. Der Aufschrei unter Wirtschaftswissenschaftlern war groß. Doch es ist nicht falsch, wenn Germanisten *Humankapital* als Unwort bezeichnen mit der Begründung, es degradiere nicht nur Arbeitskräfte in Betrieben, sondern Menschen grundsätzlich zu einer nur noch ökonomisch interessanten Größe.

Damit versteckt sich hinter der Entscheidung der Germanisten mehr als nur Kritik an einem Wort. Sie drückt vielmehr ein gesellschaftliches Unbehagen darüber aus, dass sich ökonomisches Denken immer mehr in den Vordergrund schiebt und ethisches oder moralisches Denken verdrängt. Ganz unmerklich verändert sich durch den ökonomisch motivierten Neusprech auch die kollektive Identität. Das Gleiche gilt auch für das politische Mantra von der schwarzen Null. Sie hat sich inzwischen nicht nur ins Grundgesetz geschlichen, die Schuldenbremse ist auch ein Stück deutscher Identität.

In Italien oder Frankreich verhält sich der Staat zu seinen Schulden anders als das protestantische Deutschland. Dort wäre die schwarze Null als Teil der nationalen Identität undenkbar. Und daran erkennt man wieder: Sprechen und Denken sind eins. Und aus dem Denken folgt das Handeln.

Die Sprache lebt im Volk. Sie verändert sich ständig. Und das hat mehrere Gründe.

Zum einen bringen neue Bürger Begriffe aus ihrer Sprache mit, die sich ins Deutsche einfügen. Das war schon immer so, und irgendwann, wenn die neuen Worte Gewohnheit geworden sind, glauben wir, sie seien deutsche Begriffe. Vor langer Zeit kamen aus dem Arabischen Worte wie *Koffer*, *Mütze*, *Matratze*, *Kuppel* – ja sogar das Wort *Rasse* stammt von dort, wie auch viele Begriffe der Mathematik.

Und französische Hugenotten, die, wegen ihrer Religion in Frankreich verfolgt, zur Zeit des Großen Kurfürsten in deutsche Lande einwanderten, brachten wie später auch Verfolgte der Französischen Revolution ihre Sprache mit nach Preußen. Heute benutzen wir Worte, deren französischen Ursprung wir nicht mehr kennen. Wenn jemand etwas *ratzekahl* abrasiert oder aufisst, dann leitet sich dieses Wort vom französischen *radical* ab. Forsch sein hat mit *force*, mit Kraft, zu tun, und der *Deez* leitet sich von der *tête* ab.

Zum anderen fließen Umgebung, Sitten und Gewohnheiten in die Art und Weise, wie Sprache genutzt wird, ein. Wenn sich nun aufgrund von neuen Erkenntnissen und anderen Beurteilungen von Gewohnheiten auch das Denken in einer Gesellschaft verändert, wird dies seinen Einfluss auf die Sprache haben. So wie die Ökonomisierung des Lebens sich in der Sprache wiederfindet, so wird nicht nur in Deutschland darum gekämpft, Sprache politisch korrekt anzuwenden, sodass die Geschlechter gleich und gerecht behandelt werden. »Gendergerechte Sprache« heißt dieses Vorgehen und ist heftig umstritten. Eine große Mehrheit der Deutschen lehnte Anfang 2019 laut einer Umfrage des Vereins Deutsche Sprache die genderbezogene Anpassung ab.

Wissenschaftler, zu deren täglicher Aufgabe auch der bewusste Umgang mit der Sprache gehört, befinden sich in der Auseinandersetzung mit Personen, die sich politisch mit dem richtigen Umgang mit der Sprache befassen. Und da zählen auch politische Verortungen von links und rechts nicht mehr.

Einer der Mitgründer der linken Sammlungsbewegung »Aufstehen«, die von Sahra Wagenknecht und Oskar Lafontaine initiiert wurde, ist der Professor für Theatergeschichte und Dramaturgie Bernd Stegemann. Er klagt in einem *Spiegel*-Gespräch: »Es gibt in dem Milieu, in dem ich mich aufhalte, eine Menge Leute, die glauben, man könne über die Kontrolle der Sprache zu einer besseren Welt kommen. Genau da setzt meine Kritik an: Wenn Linke meinen, die Menschen moralisch erziehen zu müssen, sind sie auf dem Holzweg.«

Manchmal habe auch ich den Eindruck, die moralisch betriebene »Säuberung« der Sprache wird mit einem puritanischen Eifer betrieben, wie einst die Jagd nach dem Teufel in Arthur Millers Stück *Hexenjagd*. Populistisch anbiedernd hat sich die Stadt Hannover über das »amtliche Regelwerk der deutschen Rechtschreibung« hinweggesetzt, so klagt der Sprachwissenschaftler Helmut Glück, indem sie angeordnet hat, dass ihre Mitarbeiter im Dienstbetrieb sich einer »geschlechtergerechten Sprache« zu bedienen haben. Sie werden unter anderem angewiesen, den »Gender Star« (merke: englischer *Star* statt deutschem *Stern*) zu benutzen: »Das Sternchen * zwischen der maskulinen und femininen Endung soll in der Schriftsprache als Darstellungsmittel aller sozialen Geschlechter und Geschlechtsidentitäten dienen und hebt gezielt den Geschlechterdualismus auf. Beim Vorlesen wird der Gender Star durch eine kurze Atempause gekennzeichnet.«

Nun übersehen diejenigen, die den »Gender Star« fordern, dass Gender von *genus* und nicht von *sexus* hergeleitet wird. »Genus bedeutete als grammatischer Terminus stets ›Art, Sorte‹«, so Helmut Glück im Mai 2018 in der *Frankfurter Allgemeinen Zeitung*: »Im 17. Jahrhundert übersetzten deutsche Grammatiker Genus mit (grammatischem) Geschlecht und nannten den Artikel Geschlechtswort.

Das öffnete der Verwechslung mit Sexus Tür und Tor, umso mehr, als die Genera nun männlich, weiblich und sächlich genannt wurden ... So wurde die Grammatik durch eine Übersetzung sexualisiert: Ein Fachbegriff bekam eine alltagssprachliche Zusatzbedeutung.«

Nun liegt manchen Personenbezeichnungen zwar das generische Maskulinum zugrunde, doch dieser Begriff bezeichnet dann einen Sachverhalt, der nicht in erster Linie sexusmarkiert ist. Erlangt eine Frau einen Doktorgrad, so wird ausschließlich von Frau Doktor gesprochen. Auch viele Professorinnen lassen sich häufig als Frau Professor ansprechen. Helmut Glück: »Die Macht des Generischen zeigt sich in personenbezeichnenden Metaphern. Frohnatur, Landplage und Knallcharge sind feminin, Putzteufel, Plagegeist und Wonneproppen sind maskulin, Adlerauge, Klatschmaul und Hinkebein sind Neutra, und sie bezeichnen Personen aller denkbaren Geschlechter gleichermaßen. Das gilt sogar für Bildungen, die einen Personennamen enthalten: Man kann Mädchen wie Jungen Heulsuse oder Zappelphilipp nennen.«

Eine Flasche bleibt eine Flasche – ob Mann oder Frau, ob mit oder ohne »Gender Star«.

»Der Gender-Krampf verhunzt die deutsche Sprache«, meint deshalb die Wiener Kultur- und Sozialanthropologin Ingrid Thurner: »Drei Jahrzehnte sprachlicher Gleichbehandlung haben unschöne Texte, aber keine gesellschaftliche Gleichstellung gebracht ... Nach wie vor erziehen Frauen die Kinder und erledigen den Alltagskleinkram, Männer treffen die Entscheidungen und veranstalten die Bankenkrisen. Und wie schon vor vierzig Jahren wird diskutiert, ob Quoten mehr nützen.«

Recht hat Ingrid Thurner, will ich meinen und noch einmal darauf hinweisen, dass Klartext gefordert ist und keine puritanische Sprachreinigung. Wie schon gesagt: Klartext reden bedeutet ein Problem beim Namen zu nennen. Das bedeutet aber auch, wir müssen uns zu unserer Sprache, zu ihrer Entwicklung und Bedeutung im Gesamtbild der kollektiven Identität bekennen.

# Dem deutschen Volke

»Das Volk ist jeder, der in diesem Lande lebt«, sagte Angela Merkel zu Beginn des Wahlkampfs 2017, und in abgewandelter Form hat sie diesen Satz häufig wiederholt. Sie sagte ihn nicht leichtsinnig daher, sondern sie wollte damit die Hoheit über die Definition des Begriffs *Volk* für sich beanspruchen: »Es gibt keinerlei Rechtfertigung«, so Merkel, »dass sich kleine Gruppen aus unserer Gesellschaft anmaßen zu definieren, wer das Volk ist.« Damit distanziert sich die Bundeskanzlerin bewusst von der Losung der AfD, die die Rechtsradikalen bei Demonstrationen auf Banderolen vor sich hertragen: »Wir sind das Volk«.

Auf das Volk haben sich immer wieder Menschen berufen, die politisch Veränderungen durchsetzen wollten. Noch unvergessen die friedliche Revolution in der DDR, als wirklich das Volk mit dieser Parole den Fall des kommunistischen Regimes in Ostberlin herbeigeführt hat.

»Wir sind das Volk« haben deutsche Freiheitskämpfer schon in der ersten Hälfte des 19. Jahrhunderts gerufen, und Dichter wie Georg Büchner oder Ferdinand Freiligrath haben den Aufruf verwendet. »Le peuple, c'est nous«, skandieren die revoltierenden Gelbwesten in Frankreich, »We are the people« kommt in populären Songtexten vor, mit den Worten »We the people of the United States« beginnt die Verfassung der Vereinigten Staaten von Amerika. Sich auf das Volk und auf die Macht des Volkes zu berufen, ist weltweit üblich.

Es gehört jedoch zur deutschen Identität, mit den Begriffen *Volk, völkisch* und *Volksgemeinschaft* überlegt und bewusst umzugehen. Der Missbrauch dieser Worte durch die Nationalsozialisten, um ihre Ideologie, um ihren Rassenwahn und die daraus folgenden unmenschlichen Handlungen zu begründen, gebietet es.

In seinem Buch *Volk, Volksgemeinschaft, AfD* geht der Historiker Michael Wild davon aus, dass bei der AfD und ihrem Volksverständnis der Geist des Staatsrechtlers Carl Schmitt mitschwinge. Schmitt war Nazi, verteidigte das Führerprinzip und hielt die antisemitischen Nürnberger Gesetze für eine »Verfassung der Freiheit«. Die ethnische Homogenität sei ein Ideal der AfD. Denn es gehe ihr um die Ausgrenzung der ethnisch Nichtdeutschen. Während der Begriff des *Volkes* immer neu definiert werde, so Michael Wild, sei die *Volksgemeinschaft* aber zum »Inbegriff eines rassistischen und antisemitischen Konzepts des Volkes« geworden, das »Exklusion und

Ermordung von ›Gemeinschaftsfremden‹, ›Fremdvölkischen‹ zur Konsequenz hatte«.

Als nun Angela Merkel meinte, das Volk sei jeder, der in diesem Lande lebt, tobte Christina Baum, AfD-Landtagsabgeordnete in Baden-Württemberg: »Das ist ein unerhörter Satz aus dem Mund einer deutschen Kanzlerin. Diese verfassungsrechtlich höchst bedenkliche Äußerung ist nur die jüngste Entgleisung Merkels in einer Reihe von Gesetzesbrüchen während ihrer aktuellen Amtsperiode.« Baum will das Volk auf das Staatsvolk beschränken, jenen Teil, der ein Wahlrecht hat. So werden in Deutschland lebende Ausländer ausgeschlossen.

Die AfD definiert Volk vom *ethnos* her, von der Abstammung, während Merkel den Begriff viel weiter fasst und von *demos* ableitet, von der in einem Gebiet lebenden Gemeinde. Sie bezieht deshalb alle in Deutschland lebenden Menschen in ihren *Volks*-Begriff mit ein.

»*Ethnos* ist die ethnische Abstammungsgemeinschaft«, so der Soziologe Armin Nassehi, »*demos* der Träger der staatlichen Souveränität. Und wenn man sich die Geschichte der Demokratien anguckt, die ja nicht Ethnokratien heißen, dann würde man bei der ersten großen Demokratie, nämlich den Vereinigten Staaten von Amerika, sehen«, dass niemand auf die Idee käme, sie als ein *ethnos* zu beschreiben. »Die staatliche Souveränität ist gar nicht mehr gebunden an so etwas wie eine klare ethnische Zugehörigkeit.«

»Dem deutschen Volke« steht über dem Portal des Reichstagsgebäudes in Berlin, in dem sich der Bundestag versammelt. Die Buchstaben waren 1916 – nach langem Hin und Her – während des Ersten Weltkriegs ohne großes Aufsehen angebracht worden. Um die Lettern zu gießen, waren zwei erbeutete Kanonen aus den Befreiungskriegen von 1813 bis 1815 eingeschmolzen worden.

Die Inschrift »Dem deutschen Volke« solle im Plenarsaal angebracht werden, forderte der Thüringer AfD-Landesvorsitzende Björn Höcke im Bundestagswahlkampf 2017, mit der Begründung: »Das soll für jeden Abgeordneten sichtbar sein«, denn die »Altparteien ... wollen mehr Multikulti, mehr Islam und weniger Deutschland«.

Was aber heißt hier *Deutschland*? Als politischer Begriff, der einem Staat zugeordnet wird, entsteht das Deutsche Reich erst 1871. Das ist noch nicht allzu lang her. Wer sind dann aber die Deutschen? Was ist deutsch?

Der Glaube an *deutsches Blut* beruht auf einem weitverbreiteten Irrtum. Der Begriff *deutsch* ist nicht von einem Stammesnamen abgeleitet, sondern von dem der Sprache.

Im 11. Jahrhundert begann man von den *Deutschen* zu sprechen und meinte damit diejenigen, die Deutsch sprachen. Das waren Angehörige der Volksstämme der Franken, Sachsen, Schwaben, Alemannen, Bajuwaren oder Baiern (in der damaligen Schreibweise), Thüringer und Friesen, deren

Sprache schon seit dem 7. Jahrhundert als *deutsch (thiudans, theudisc, diutisc)* bezeichnet wurde. Den Gegensatz bildete das Wort *walhisk (welsch, romanisch)*.

Erst um 1800 folgten die Deutschen dem politischen Modell des »peuple français« – des französischen Volkes – und erklärten ihrerseits Sachsen, Schwaben, Baiern, Thüringer, etc. zu »deutschen Stämmen«, dann zu »deutschen Völkern«, aus denen schließlich ein »deutsches Volk« hervorging.

Doch diese Menschengruppen waren keine »Stämme« in dem Sinn, dass ihre Angehörigen von einem gemeinsamen ethnischen Ursprung abstammten, und das war für sie offenbar auch gar nicht wichtig. Sondern diese Namen waren Bezeichnungen für Menschen, die unter einer gleichen Herrschaft und gleichem Gesetz lebten. Nicht die Blutsverwandtschaft *(ethnos)* bestimmte die Staatsbürgerschaft eines Menschen, sondern der Ort, an dem die Geburt erfolgt war. »Alemanne« war also im 7. Jahrhundert, wer nach dem in der »Lex Alemannorum« fixierten alemannischen Recht lebte. Dies tat aber nur, wer innerhalb der Grenzen der Alamannia, des fränkischen Dukats, geboren war.

Wenn sich im Laufe der Zeit die Grenzen eines Rechtsgebiets durch eine Umgestaltung der Herrschaftsverhältnisse verschoben, veränderte sich auch der Name des Volkes *(demos)*, das unter die neuen Gesetze fiel. So wurden große Teile des einstigen

Alemannenvolks Franken und Baiern. Es waren also überwiegend politische und nicht biologische, ethnische Faktoren, die das Volk in einem Reich bestimmten. Das bedeutete, dass die kollektive Identität von der jeweilig wechselnden Staatsbürgerschaft unabhängig war, also von einer politischen Definition, nicht von einer kulturellen oder religiösen.

Und es ist ein schöner Treppenwitz der Weltgeschichte, dass diese politischen Strukturen sich nicht in einem germanischen Großreich entwickelt haben. Das einzige Reich, das zahlreiche Völker germanischer Sprache in einem losen System umfasste, war das der Hunnen. Diese Herrschaft der Hunnen hat bei den Deutsch sprechenden Völkern immerhin solch einen Eindruck hinterlassen, dass im *Nibelungenlied*, dem ersten und bedeutsamsten mittelhochdeutschen Heldenepos, Hunnenkönig Attila als König Etzel auftritt. Er rächt den Verrat an Siegfried, dem deutschen Helden, der für Unbesiegbarkeit und Treue steht, im Namen von dessen Witwe Kriemhild.

Das Bild des hinterrücks von Hagen ermordeten Siegfried aus dem *Nibelungenlied* benutzten die Generäle der Reichswehr nach dem verlorenen Ersten Weltkrieg für die »Dolchstoßlegende«. Generalfeldmarschall Paul von Hindenburg schrieb 1920 in seinen Memoiren: »Wie Siegfried unter dem hinterlistigen Speerwurf des grimmigen Hagen, so stürzte unsere ermattete Front; vergebens hatte sie versucht, aus dem versiegenden Quell der heimatlichen Kraft neues Leben zu trinken.«

Nebenbei bemerkt: Am blutigen Ende der Nibelungen spielt auch die germanische Sagengestalt Dietrich von Bern, die den König der Ostgoten Theoderich verkörpert, eine Rolle. Und da im Nationalsozialismus verlangt wurde, die arische Herkunft zu erforschen, fand mein Großvater, ein früher Nazi, heraus, dass vor Jahrhunderten unser Familienname *Wikhart* geschrieben wurde. Das erfreute den Ahnenforscher besonders, denn er las im *Nibelungenlied,* dass einer der treuen Knappen Dietrich von Berns ein tapferer Krieger namens Wikhart gewesen war. Nun gut, mein Vater stellte später zur Erheiterung der Familie fest, dass im 17. Jahrhundert die Bevölkerung eines Dorfes in der Pfalz, wo die Wickerts in jener Zeit siedelten, gezwungen wurde, die Kosten für eine lange Leiter aufzubringen. Weshalb? Ein Fahnenflüchtiger namens Wikhart wurde gehängt.

Solche individuellen und kollektiven Zusammenhänge zu kennen, gehört meines Erachtens zur Bildung einer Identität. Einer Identität, die nicht andere ausschließt, die Tabus ablehnt, aber doch an die Höhen und Tiefen der Vergangenheit erinnert, auf der die Gegenwart aufgebaut ist und die Zukunft bauen wird. Erinnern heißt nämlich auch wissen.

Geschichtsbewusstsein ist ein wesentlicher Baustein der kollektiven Identität. Voraussetzung ist die Kenntnis der Geschichte. Das Wissen um die deutsche Vergangenheit nimmt jedoch dramatisch ab, seitdem es etwa im Bundesland Hamburg möglich ist, in der Oberstufe Geschichte als Fach abzuwählen. Ich halte dies für eine unentschuldbare Katastrophe, für einen Schaden an der freiheitlich-demokratischen Grundordnung.

Denn der Geschichtsunterricht ist existenziell für die Bildung unserer Identität, für das Wissen um die Demokratie und die Gefahren, die sie bedrohen können. Nur wenn wir ein Verständnis für Geschichte haben, können wir aktuell auftretende Phänomene beurteilen und ihnen – falls notwendig – kritisch begegnen.

In Sachsen war vor einigen Jahren beschlossen worden, in den zehnten Klassen den Geschichtsunterricht zum fakultativen Fach zu machen – Geografie oder Geschichte galt es auszuwählen. Mit dem Ergebnis, dass die NPD ihre größten Erfolge bei ehemaligen Mittelschülern mit mäßigem Bildungsniveau erzielte.

Das sächsische Kultusministerium hat daraus Lehren gezogen und den Geschichtsunterricht für die zehnten Klassen 2016 wieder als Pflichtfach eingeführt. Der damalige Staatssekretär im Kultusministerium Dr. Frank Pfeil begründete es politisch: »Damit wollen wir eigentlich die Demokratiefähigkeit, insbesondere bis hin zu den Zehntklässlern in unseren Oberstufen, auf jeden Fall befördern. Ich glaube, es ist enorm wichtig, dass wir für Schülerinnen und Schüler den Blick öffnen, dass sie wissen, wo kommen wir her. Nur dann, wenn sie wissen, was in der Vergangenheit gewesen ist, wie das einzuordnen ist, wenn sie den Fakt als solchen kennen, wenn sie die Einordnung für sich selber vornehmen können, dann können sie für das Heute sagen, wie bewerte ich die Ereignisse und auch bestimmte Reden. Und sie können vor allem, und das muss uns besonders wichtig sein, ihre eigene Zukunft perspektivisch sich vorstellen und auch gestalten.«

Wohl immer noch teilten die meisten Deutschen die Einsicht, »dass gesellschaftliche Zukunft nicht durch Verleugnung des Gewesenen gewonnen wird, sondern durch einen kritisch-aufklärerischen Umgang damit«, behauptete der Historiker Norbert Frei Anfang 2019 im Gespräch mit Studierenden in Frankfurt am Main. *Wohl immer noch?* Professor Frei erhielt Widerspruch von den Studierenden. Sie bezweifelten, dass die meisten Deutschen *wohl immer noch* diese Einsicht teilten. Frei war von der Richtigkeit seiner Aussage überzeugt, da sie sich mit Umfragen deckte. Doch der Widerspruch verweist auf eine Tendenz, die, so Frei, »in den vergangenen Tagen zu Recht beklagt worden ist. Auch Spitzenpolitiker konstatieren, dass der gesellschaftliche

Rückhalt für die – gerade auch von ihnen – gern herausgestellte Erinnerungskultur abnimmt.« Frei hat recht, denn es geht nicht um das kritische Erinnern an sich, sondern um die Formen der Erinnerung.

Das hat auch Kanzlerin Merkel gemeint, als sie anlässlich des Holocaust-Gedenktages am 27. Januar 2019 in ihrem Video-Podcast davon sprach, es gelte, das Gedenken neu zu gestalten. Und der Außenminister präzisierte in einem Gastbeitrag für die *Welt am Sonntag*: »Unsere Geschichte muss von einem Erinnerungs- noch stärker zu einem Erkenntnisprojekt werden.«

Wenn der Rückhalt für die viel gerühmte deutsche Erinnerungskultur abnimmt, so Frei, dann hilft dagegen mehr kritisches Geschichtsbewusstsein. Das aber zu vermitteln wäre in erster Linie die Aufgabe der Schulen, doch die Partei der Kanzlerin – die CDU – und die Partei des Außenministers – die SPD – haben in von ihnen regierten Bundesländern die Vermittlung des kritischen Geschichtsbewusstseins reduziert.

# Was uns im Innersten zusammenhält

»Gib deine rechte Hand und schau dem Besucher in die Augen«, ermahnen Eltern ihre jungen Kinder, die meist die Linke geben und den Blick auch noch irgendwohin wandern lassen, nur nicht zum Besucher. In Deutschland gehört es zur Sitte, einem Besucher die Hand zu geben und ihm dabei in die Augen zu schauen.

Damit würde man sich aber schon in Spanien schlecht benehmen, dort gilt es eher als unhöflich, einen Fremden mit Handschlag zu begrüßen. Auch in England oder den USA würde man gleich als Deutscher auffallen, denn dort nickt man sich höchsten freundlich zu und fragt: »How are you« – wie geht's? –, was aber nur rhetorisch gemeint ist und woraufhin auch niemand erwartet, dass man eine ehrliche Antwort gibt. In Frankreich müssten die Kinder dem Besucher nicht die Hand geben, sondern würden von ihm zwei oder drei »bises«, Wangenküsse, empfangen.

Es gibt über die Sprache, Verfassung und Achtung der Grundrechte hinaus etwas, »was uns im Innersten zusammenhält, was uns ausmacht und was uns von anderen unterscheidet«, stellte Thomas de Maizière am 29. April 2017 in seinem Gastbeitrag für die *Bild am Sonntag* als damaliger Innenminister fest und schlug zehn Thesen vor, mit denen er zu einer Diskussion »über eine Leitkultur in Deutschland« einladen wollte. In der ersten These stand der Satz: »Wir sind eine offene Gesellschaft. Wir zeigen unser Gesicht. Wir sind nicht Burka.«

Und schon schwappte eine Welle von Unmut über de Maizière. Zwar haben ihn mehrere Unionspolitiker gelobt, aber selbst der ehemalige CDU-Generalsekretär Ruprecht Polenz bemängelte, dass der Minister nicht zwischen verpflichtendem Recht und unverbindlicher Tradition unterscheide. Für eine verpflichtende Leitkultur biete das deutsche Grundgesetz keine Rechtsgrundlage. Die hatte de Maizière allerdings auch nicht gefordert. De Maizière hatte den Fehler begangen, einen heftig umstrittenen Begriff zu benutzen: *Leitkultur.*

Aus allen Parteien kam Kritik: FDP-Chef Christian Lindner warf dem Innenminister vor, er wolle nur Wahlkampf machen, seine Thesen seien ein Ablenkungsmanöver vom Scheitern der CDU-Einwanderungspolitik. SPD-Kanzlerkandidat Martin Schulz hielt den Vorstoß des Innenministers für unsinnig, sein Parteivize Thorsten Schäfer-Gümbel twitterte: »Was für eine peinliche Inszenierung.«

Nur weil er zu einem heiklen Begriff wie *Leitkultur* griff, wurden de Maizières zum großen Teil sehr vernünftige Gedanken in den Orkus geschickt.

Das Wort von der *Leitkultur* – ursprünglich von dem Politologen Bassam Tibi als Begriff eines europäischen Wertekonsenses benutzt – war 1998 von dem damaligen Berliner Innensenator Jörg Schönbohm in die politische Auseinandersetzung eingeführt und von Friedrich Merz verbreitet worden. Aus der SPD kamen empörte Reaktionen, sie sah in dem Begriff *Leitkultur* einen konservativen Leitbegriff, der an die »geistig-moralische Wende« von Helmut Kohl erinnerte.

Es gehört zu deutschen Tabus, dass die Begriffe *Kultur* und *leiten* nicht miteinander in Verbindung gebracht werden sollten. Das hat, wie so vieles in Deutschland, wieder einen historischen Hintergrund. Im *Deutschen Wörterbuch* der Brüder Jacob und Wilhelm Grimm steht, bei dem Verb »leiten« trete »das Bestimmen einer Richtung und eines Zieles für einen Weg hervor, wobei dieses gewöhnlicher durch persönliche Führung als durch Bestimmung aus der Ferne, durch Befehl oder Beschreibung gedacht wird.« Da ist es also wieder, das leidige Wort »führen«, und unwillkürlich denken wir an – den »Führer«.

Deshalb ist es diese Verbindung in der Bedeutung von »leiten« und »führen«, die manche Skeptiker daran hindert, Leitung oder gar Führung zu denken oder zu sagen, wenn es um deutsche Kultur geht. – Und sie merken gar nicht, wie falsch sie damit liegen.

Es wäre wohl nichts gegen einen Begriff wie *Leitkultur* einzuwenden, wenn er nicht grundsätzlich falsch wäre. Denn entweder gehört etwas zu unserer Kultur und dient als Vorbild für richtiges Handeln – oder es gehört eben anerkanntermaßen nicht dazu.

*Leitkultur*, nähmen wir den Begriff ernst, bedeutete, dass jemand (wer? mit welchem Recht?) etwas innerhalb einer Kultur auswählt und dies zur Leitlinie bestimmt.

Was in der gemeinsamen Kultur bedeutsam ist, kann jedoch nur die Gemeinschaft bestimmen, weil sich in jeder Kultur unendlich viele verschiedene Elemente verschmelzen. Regeln, die sich langsam entwickelt haben und nicht einfach als »Leitbild« vorgegeben wurden.

Wenn wir aufmerksam sind, können wir selber erkennen, wie sich in unserer Gesellschaft langsam Sitten, Traditionen und schließlich das, was man die gesetzlichen Vorgaben nennt, die Verfassung, die Gesetze und verbindliche staatliche Regeln, weiterentwickeln. All das zusammen ergibt, was die Philosophie die »lebendige Sittlichkeit eines Volkes« nennt.

Verhaltensmuster nehmen ihren Anfang im Alltag. Wenn neue Erkenntnisse, wie etwa die Bedeutung des Umweltschutzes, das Denken in der Gesellschaft beeinflussen, verändert sich zunächst das gewollte Verhalten: Es ist noch gar nicht so lange her, da warf man Flaschen und Papier in den einzigen Mülleimer, der im Haushalt vorhanden war. Dann aber entwickelte sich zunächst durch die von Bürgerinitiativen getragene Umweltbewegung, schließlich durch den Zusammenschluss zur Partei Die Grünen das Bewusstsein für den Schutz der Natur und der Umwelt. Heute gehört es zu den guten Sitten, der Umwelt zuliebe Flaschen und Papier in besonderen Containern zu entsorgen. Wer Flaschen nicht umweltfreundlich entsorgt, wird dafür nicht bestraft. Aber er verstößt gegen die guten Sitten. Erst wenn es wichtig ist, den sittlichen Regeln mehr Kraft zu geben, weil sie das Verhalten für den Bestand der Gesellschaft entweder gut oder schlecht beeinflussen, werden sie als Gesetz oder Verordnung in das staatliche Regelwerk aufgenommen.

Jedes Land hat seine eigenen Sitten, die sich auch in der kollektiven Identität verankern. Und häufig haben sich die Mitglieder einer Gemeinschaft so an diese Sitten gewöhnt, dass sie erstaunt sind, wenn Fremde von einem Kulturschock sprechen, wenn sie diesen Gebräuchen ausgesetzt sind. Deutsche Denker haben häufig zwischen Kultur und Zivilisation unterschieden. Bei Kant heißt es: »Wir sind durch Kunst und Wissenschaft cultiviert, wir sind civilisiert durch allerlei gesellschaftliche Artigkeit und Anständigkeit.«

Die Unterscheidung zwischen Kultur und Zivilisation wurde noch in der ersten Hälfte des 20. Jahrhunderts ideologisch benutzt, etwa wenn Oswald Spengler »deutsche Kultur« als Tiefe und Geistigkeit gegen die »Zivilisation« der Franzosen ausspielte. *Zivilisation* nutzte er als einen Begriff, der nichts anderes bedeutet als *westliche Oberflächlichkeit*.

Ein moderner Kulturbegriff geht davon aus, dass es nicht um ein fest gefügtes Konzept geht. Kultur ist vergleichbar mit der Sprache, die sich ständig in Wandlung befindet. Und so gehört es auch zu einer modernen, demokratischen Kultur, dass die Mitglieder einer Gesellschaft gemeinsam entscheiden, welche Regeln ihr Zusammenleben bestimmen sollen. *Demokratisch* bedeutet, dass unterschiedliche gesellschaftliche Gruppen daran beteiligt sind, sie zu gestalten. Kultur spielt dann eine entscheidende Rolle bei der Sozialisation der gesamten Gemeinschaft und bei der Definition der kollektiven Identität.

Es gibt auch eine »Streitkultur«. Und der fiel das Thesenpapier von Thomas de Maizière zum Opfer – aus zwei Gründen: Wegen der Verwendung des Begriffs *Leitkultur* und wegen des Satzes »Wir sind nicht Burka«. Denn über der Veröffentlichung in der *Bild* vom 2. Mai 2017, die Auszüge aus dem Gastbeitrag für die *Bild am Sonntag* präsentierte, stand als Titel: *»Wir sind nicht Burka«: De Maizières Thesen zur Leitkultur.*

Zwar erklärt de Maizière, eine Leitkultur könne nicht vorgeschrieben werden: »Nein. Wie der Name Kultur schon sagt, geht es hier nicht um vorgeschriebene Regeln. Die Leitkultur prägt und soll prägen. Sie kann und soll vermittelt werden.« Aber so weit scheinen seine Kritiker nicht gelesen zu haben.

Fast ein Jahr nach der Veröffentlichung dieses Thesenpapiers meldete sich der ehemalige Finanzminister und SPD-Kanzlerkandidat Peer Steinbrück in der *Zeit* mit einer Verteidigung de Maizières. Und er bemerkte, wenn man das Zehn-Punkte-Papier tatsächlich lese »und nicht reflexhaft verdammt und ungelesen in die Tonne tritt«, dann falle es schwer, das Papier abzulehnen oder gar als »bürgerlich-konservativen Hegemonieanspruch zu verdammen«. Steinbrück beklagte im gleichen Atemzug das kulturelle Phänomen der deutschen Streitkultur, wo Interviews, Reden oder Thesenpapiere »Empörungswellen und Erregungszustände bei Leuten auslösen, die diese gar nicht gehört oder gelesen haben«.

Die Umgangsformen seien auf den Hund gekommen, die Anstandsregeln gälten in Zeiten des extremen Egoismus nicht mehr. Die Erziehung zu Eigenverantwortung und Verantwortung komme zu kurz.

Leider ist die Mahnung von Peer Steinbrück in der Politik – selbst von seiner Partei, der SPD – nicht aufgenommen worden. Eine Schande.

In Politik und Medien sind Regeln von Sitte und Anstand, von Respekt und Höflichkeit eher Anlass zu hämischen Bemerkungen als Forderungen für richtiges Verhalten. Leider. Es gilt als schick, sich nicht regelkonform zu benehmen, und wer es dennoch fordert, wird als Anhänger eines autoritären Gesellschaftsbildes geschmäht. Wenn es dann doch jemand tut, steht gleich in allen deutschen Zeitungen: »XY provoziert immer wieder«. So beispielsweise geschehen, als im Frühjahr der Tübinger Oberbürgermeister Palmer im Geraschel des Blätterwaldes »mal wieder für Aufregung« sorgte.

Auf Facebook beschrieb er selbst folgende Szene: Er habe beobachtet, »wie ein höchstens zweijähriger Junge in ein Vogelnest gelegt und dort gelassen wird, obwohl er heult«.

Als »Vogelnest« bezeichnet man ein rundes Netz, das an einer Schaukel festgemacht ist und auf vielen Spielplätzen zu finden ist.

»Je mehr er schreit und heult und strampelt, umso mehr Schwung gibt der Vater. Die Mutter im schwarzen Kopftuch und Umhang schaut zu. Das Kind schreit den ganzen Platz zusammen. Selbstverständlich schaue ich dem nicht unbegrenzt zu. Als erkennbar war, dass das Kind durch Schreien und Schlagen und Weinen nicht aus der Situation herauskommt und die Absicht war, ihm beizubringen, dass es keine Angst haben darf, bin ich hingegangen und habe dazu aufgefordert, das zu beenden. Das hat der Mann dann grummelnd getan.«

Hat Palmer richtig gehandelt? Er hat auch damit wieder viele Leute vor den Kopf gestoßen. Aber grundsätzlich bin ich der Meinung, dass in der Gesellschaft häufiger Menschen das Wort ergreifen sollten, wenn es darum geht, andere an die Regeln zu erinnern, die wir unter Anstand, Respekt oder Höflichkeit verstehen. Diese Werte sind die Basis unserer Zivilisation und Kultur. Die gilt es allerdings jedem hier lebenden Mitbürger zu vermitteln, ganz gleich, ob er erst einige Jahre in Deutschland lebt oder hier geboren worden ist. Palmer erklärte sein Verhalten als Pädagogik: »Ich bin mir ziemlich sicher, dass man Eltern, die wenige Jahre hier leben, erklären muss, wie Erziehung bei uns funktioniert.«

Nun betrifft dieser Fall eine Familie, die aus einer ganz anderen Kultur stammt. Aber hier gelten nun einmal unsere Maßstäbe. Nahe beieinanderliegende Kulturkreise haben manche Gemeinsamkeiten, doch trotzdem gibt es schon bei kleinen Dingen des Lebens erhebliche Unterschiede, etwa wenn es um die Rolle von Frau und Mann geht.

So schildert der Journalist Vincenzo Velella das – für Deutsche – ungewöhnliche Verhalten seines Vaters. Velellas Eltern waren 1961 aus Eboli in Italien nach Deutschland gezogen, wo die Kinder in die Schule gingen. Aber wenn sein Vater keine Vormittagsschicht hatte, so Velella, »platzte mein Vater in Deutschland anfangs in die Schulhalle, um nachzusehen, worin denn der Sportunterricht meiner

Schwester bestünde. Er war nicht der einzige Italiener, der dies tat. Grund war keineswegs nur die in der muslimischen Welt beobachtete Fixierung auf die Jungfräulichkeit der Töchter, sondern auch schlicht die Tatsache, dass den Eltern, die beide nur die Grundschule besucht hatten, das Konzept der Koedukation fremd war. Wer sich zu früh auf Männer einließ, teilte das Schicksal jener, auf die Männer sich nie eingelassen hatten – der alten Jungfern, die niemand heiraten wollte und die deshalb im Haus der Eltern blieben.«

Beide Fälle machen deutlich, wie wichtig es ist, immer wieder die in Deutschland üblichen Regeln zu erklären. Respekt zu erweisen und höflich zu sein beginnt ja mit ganz einfachen Handreichungen. Wer hilft noch einer Frau mit Kinderwagen und Koffer beim Einsteigen in den Bus, in die Straßenbahn oder in den Zug? Ich erlebe immer wieder, dass einer schwer bepackten Frau mit Kinderwagen – und vielleicht noch einem zweiten Kind im Schlepptau – niemand in den Bus hilft. Welcher Mann ist noch so galant, einer Frau anzubieten, den Koffer in die Ablage im Flugzeug zu hieven? Oder wer hält noch anderen die Tür auf? Als ich dieses Verhalten, das ich selbst in den USA und in Frankreich als gang und gäbe erlebt hatte, in der *Tagesthemen*-Redaktion einführte, erlebte ich ziemliches Unverständnis. Die Männer quetschten sich erst einmal vor den Frauen durch die Tür! Aber sie haben schnell gelernt. Der Fußballer Paul Breitner, danach gefragt, ob er in seiner Umgebung auch AfD-Wähler kenne, antwortete, es könne jeder denken und sagen, was er wolle, solange er höflich sei.

Die grundlegenden Werte in Deutschland basieren auf der Würde des Menschen, auf dem Respekt, den man sich schuldet, auf Höflichkeit im Umgang miteinander. So lautet zumindest das Ziel im Idealfall. Für den Zusammenhalt der Gesellschaft braucht es eine Übereinstimmung bei den grundlegenden Werten. Ein solcher Konsens ist notwendig und als politisches Ziel zu formulieren, das alle Individuen anstreben sollten, um das gemeinsame Leben in geregelte Bahnen zu lenken. Denn eines ist gewiss: Der Einzelne, und sei er noch so selbstständig, ist umgeben von anderen Individuen und muss deshalb Regeln befolgen, deren Sinn darin besteht, Konflikte zu vermeiden und das Zusammenleben zu erleichtern.

Wenn einige Soziologen glauben, in modernen Zeiten sei eine Gesellschaft ohne Zusammenhalt die große Chance für das Individuum, dann reden sie der Anarchie das Wort und träumen von einem Leben ohne Herrschaft. Das aber ist soziale Traumvorstellung, in einer solchen Gesellschaft will ich nicht leben.

Mir ist es bedeutend lieber, wenn mich ein Konsens mit meinen Mitbürgern verbindet, zumindest wenn es um gesellschaftlich gültige Werte geht.

Moralische Werte veranlassen jeden Bürger, Verantwortung für den Zustand der Gesellschaft zu empfinden, und motivieren ihn zu solidarischem Handeln, obwohl es keine staatlich fixierten Regelungen dafür gibt.

Allein das Wissen um Werte wie Solidarität, Verantwortung und Gerechtigkeit bewirkt doch bei einigen Menschen, sich freiwillig und ohne Entlohnung für die Gemeinschaft einzusetzen, selbst wenn andere denken, *Moral* sei ein verstaubter Begriff aus der Vergangenheit. Dabei sind Werte und Tugenden modern. Sie dienen dazu, die Gesellschaft im Inneren zusammenzuhalten, denn ihre Aufgabe ist es nun einmal, das reibungslose Handeln der Mitglieder in einer Gemeinschaft zu ermöglichen.

Es gehört inzwischen zu einer häufig zu hörenden Klage, die Menschen würden immer unhöflicher. Höflichkeit aber bezeichnet der französische Moralphilosoph André Comte-Sponville als Ursprung aller Tugenden: »Die Höflichkeit (›das tut man nicht‹) kommt vor der Moral (›das darf man nicht tun‹), die sich erst ganz allmählich bildet, gewissermaßen als verinnerlichte Höflichkeit, befreit von Äußerlichkeiten und Interessen, vollständig eingebunden in die Gesinnung (von der die Höflichkeit nur die praktische Seite kennt). Doch wie könnte die Moral zum Vorschein kommen, wenn die Höflichkeit nicht zuerst da wäre? Die guten Sitten kommen vor den guten Taten und führen zu ihnen.«

Zuerst also kommt die Höflichkeit, zu der Freiherr von Knigge schon vor langer Zeit seine Empfehlungen *Über den Umgang mit Menschen* niedergeschrieben hat. Es sind einfache Verhaltensregeln, doch selbst sie zu befolgen scheint vielen Deutschen lästig, und Eltern und Lehrer sind nicht selten überfordert damit. Stammt Höflichkeit nicht vom Verhalten bei Hofe? Sie reden sich dann gern mit Goethe raus, der im *Faust II* den rüpelhaften Baccalaureus sagen lässt: »Im Deutschen lügt man, wenn man höflich ist.« Dass dieser Satz der Charakterisierung des Sprechenden dient und nicht Goethes Ansicht wiedergibt, verdrängen diejenigen, die meinen, wer höflich ist, sei verlogen, um dann »ehrlich« und »authentisch«, wie man als »echter« Mensch ist, einfach mal die Sau rauszulassen. Immer gern genommen wird auch die Behauptung, dass »gutes Benehmen irgendwie reaktionär bis faschistisch, freiheitseinengend, verklemmt, frauen- oder gar ausländerfeindlich oder sonst was ganz Schlimmes sei«, schreibt die Publizistin Cora Stephan und folgert daraus: »Wir sind wahrscheinlich das flegelhafteste Land weit und breit – aber das authentisch & identisch.«

Es gehört – leider – inzwischen zur deutschen Identität, bei der Erziehung von Kindern auf Strenge und Disziplin, immer mehr Milde walten zu lassen. Denn Disziplin wird mit autoritärer Unterdrückung gleichgesetzt. Zum Ideal wird der engagierte Bürger hochstilisiert, der seine eigenen Interessen im demokratischen Geschehen verantwortlich vertritt. Das klingt in der Theorie überzeugend, aber in der Praxis sind Eltern und Lehrer überfordert, wenn sie das wichtigste Element der Erziehung von Kindern zu Respekt und Höflichkeit, zu einer moralischen Haltung ablehnen: den Geist der Disziplin. Der ehemalige Schulleiter des Internats Salem, Bernard Bueb, stellte fest, dass Eltern aus dem Ausland von der Schule erwarteten, dass ihr Kind eine gute Erziehung erhielt. »Es sollte sich auch wohlfühlen; wenn es das nicht tat, dann war das zwar bedauerlich, aber nicht zu ändern«, so Bueb. »Deutsche Eltern wollen natürlich auch eine gute Erziehung, aber vor allem soll sich das Kind wohlfühlen. Strenge Maßnahmen werden nur so lange akzeptiert, wie sie das Wohlgefühl des Kindes nicht stören.«

Wohlfühlen statt Strenge und Disziplin? Deutsche Eltern berufen sich hier vielleicht auf den deutschesten aller Philosophen, Immanuel Kant, der sagte: »Formeln von Kindern herbeten zu lassen, das dient zu nichts.« Hier geht er wohl von einer allzu abstrakten philosophischen Vorstellung aus. Sich zu disziplinieren dient eben doch zu etwas, wenn auch nicht unmittelbar, sondern oft erst auf längere Sicht. Der Begriff *Disziplin* verliert vielleicht dann an Schrecken, wenn man begreift, dass Disziplin nicht die Dressur zu einer willenlos gehorchenden Person bedeutet.

Der Geist der Disziplin besteht aus zwei Elementen:

- aus der Regelmäßigkeit und
- aus der Selbstbeherrschung und der Mäßigung der eigenen Wünsche.

Da jede Ordnung auf der Regelmäßigkeit des Verhaltens der einzelnen Bürger beruht, müssen schon Kinder lernen, sich nicht von ihren Gefühlen und Stimmungen treiben zu lassen, sondern Regeln zu folgen, andere zu respektieren, ihnen höflich zu begegnen. Eine konsequente Erziehung zum Befolgen dieser Richtlinien funktioniert zunächst nur über die ständige – bestenfalls begründete – Wiederholung der Anordnung durch Eltern und Erzieher.

Wichtig ist für eine Demokratie, dass die Erziehung dahin führt, dass ein Heranwachsender schließlich auch die Einsicht hat, richtig zu handeln.

In Deutschland findet Erziehung zu Ordnung und Selbstbeherrschung, zu Respekt und Höflichkeit zu wenig Unterstützung – besonders an staatlichen Schulen.

Leider versagen nicht nur Eltern bei der Erziehung von Kindern, sondern selbst der Staat verzichtet auf die Durchführung seiner eigenen Gesetze. Vor einigen Jahren hat die Schulbehörde in Berlin alle Schulen informiert, dass strafrechtliche Verfahren wegen Verstoßes gegen die Schulpflicht von der Staatsanwaltschaft eingestellt würden, da die Schuld der Erziehungsberechtigten als gering anzusehen sei, insbesondere, wenn Eltern ihre Kinder »entsprechend ihrem Kulturkreis« erzögen und es in ihrem Heimatland keine vergleichbare Schulpflicht gebe. Diese schwachsinnige Stellungnahme der Behörde bedeutet im Klartext: In Deutschland lebende Ausländer brauchen ihre Kinder nicht in die Schule zu schicken, wenn es in ihrem Heimatland keine Schulpflicht gibt.

Solch ein Verhalten darf keine Gesellschaft dulden! Der Staat muss Vorbild sein.

Vorbild sein bedeutet keineswegs, sich bürokratisch und autoritär aufzuführen. Es reicht ein wenig Fantasie und Witz: Weil er bemerkte, dass der tägliche Zusammenhalt unter den Bürgern seines Landes schwand, hat ein französischer Postminister eines Tages all seine Briefträger angewiesen, jeden, dem sie morgens beim Austragen der Post begegneten, mit einem freundlichen »bonjour« – Guten Tag – zu begrüßen. Schon beginnt der Morgen heiterer, und jeder fühlt sich wohl bei dem Gedanken, als willkommenes Mitglied einer Gemeinschaft begrüßt zu werden. Das zu spüren kann uns im Inneren zusammenhalten.

# Integration ist anstrengend

Wer zu Zeiten der Digitalisierung noch den Mut hat, einen Blick in den altehrwürdigen *Brockhaus* zu werfen und unter dem Begriff *Integration* nachschaut, wird dort die Definition finden, es sei eine Bezeichnung »für Prozesse der bewusstseinsmäßigen oder erzieherischen Eingliederung von Personen und Gruppen in oder ihre Anpassung an allgemein verbindliche Wert- und Handlungsmuster. Der Grad der Integration bestimmt das Ausmaß des Konsenses der Gesellschafts-Mitglieder über die gemeinsamen Ordnungsprinzipien und damit die gesellschaftliche Stabilität.«

In der Öffentlichkeit hat sich festgesetzt, dass man meist die Integration der Zuwanderer meint. Doch Integration betrifft unterschiedliche Gruppen in der Gesellschaft, die größte in Deutschland sind die Ostdeutschen. Das Ziel einer gelungenen Integration könnte in dem Satz enden: Ich identifiziere mich. Und in der Folge mag dann auch noch das gefühlsgelenkte Bekenntnis folgen: Ich habe ein neues Heimatgefühl entwickelt.

Die Forderung der »Alteingesessenen« – wenn man nicht dem gescheiterten Konzept von Multikulti anhängt – lautet: Achtet und respektiert unsere Identität. So sehen es die Westdeutschen – und damit auch die westdeutsch geprägten Medien.

Was aber heißt »integrieren«, wenn es um die Ostdeutschen geht? Der ehemalige Pfarrer aus Rostock und spätere Bundespräsident Joachim Gauck sagte dazu bei der Verleihung des Reinhard-Mohn-Preises 2018, im Osten habe manche befremdet, »wie schnell der Westen einschließlich seiner ethnischen und kulturellen Vielfalt in den Osten vordrang. Direkt an meiner Hausecke in Berlin-Mitte, wo ich damals lebte, eröffneten Chinesen ein Restaurant, auf der gegenüberliegenden Straßenseite entstand ein Döner-Imbiss, etwas weiter zogen ein Spanier und ein Italiener ein. Die vielen Westdeutschen in den neu geschaffenen ostdeutschen Behörden konnten sich beim Lunch fast wie im Westen fühlen, aber viele Ostdeutsche fühlten sich wie im Ausland.«

Wie das?, werden sich viele fragen, die sich daran erinnern, dass Ost- und Westdeutschland doch eine jahrhundertealte gemeinsame Geschichte haben und nur gerade einmal vierzig Jahre getrennt waren. Die Deutschen in Ost und West teilten die gleiche Kultur, die gleichen gesellschaftlichen Werte, verfügten über die gleiche Literatur, die gleiche Musik, die gleiche Kunst. Die Reformation nahm ihren Ausgang von der »Lutherstadt« Wittenberg, Bach lebte in Leipzig, das Bauhaus wurde in Weimar gegründet, wie auch die Weimarer Republik.

Und hatten die Ostdeutschen nicht mit der Parole »Wir sind das Volk« die kommunistische Diktatur gestürzt?

Nach der friedlichen Revolution waren die meisten Ostdeutschen vom Westen begeistert. Ihre Welt wurde freier und farbiger. Und doch erlebten sie plötzlich, dass der Westen wie eine Kolonialmacht über sie herfiel. »Da kamen die Luschen in die Puschen«, sagte mir einst Claus Richter, damals Ostberlin-Korrespondent der ARD. Wer es im Westen nicht bis oben in der Karriereleiter geschafft hatte, bemühte sich um einen Posten im Osten und kam so weiter, wurde als Beamter befördert, schaffte es in den Vorstand einer Sparkasse (und verdrängte so die Frauen, die bisher Sparkassen leiteten) oder einer der Treuhand abgeluchsten Firma. Für viele Ostdeutsche dagegen war die Einheit eine Zeit der Kränkungen, Verletzungen und Erniedrigungen.

*Integriert doch erst mal uns!* nannte deshalb Petra Köpping, Staatsministerin für Gleichstellung und Integration in Sachsen, ihre 2018 erschienene *Streitschrift für den Osten*. Darin schildert sie an vielen Beispielen, was von der ostdeutschen Bevölkerung auch heute noch als Demütigung und Kränkung empfunden wird.

Es begann mit den Glücksrittern und Betrügern, die die Ostdeutschen »mit überteuerten, schrottreifen Gebrauchtwagen, unnützen Versicherungen oder unseriösen Geldanlagen« über den Tisch zogen, oder mit Antikmöbelhändlern, die das Unwissen der Leute ausnutzten und hängerweise Mobiliar aus den ostdeutschen Städten und Dörfern wegfuhren. »Das hinterließ manchmal erst viel später ein Gefühl der Demütigung.«

Es hing zusammen mit den Auswüchsen der Treuhand, die die Ostdeutschen benachteiligte. Nur sechs Prozent des von der Treuhand verwalteten ostdeutschen Produktionsvermögens ging an ehemalige DDR-Bürger. Der gesellschaftliche Umbruch betraf die gesamte Lebenswelt. »Plötzlich fanden sich fast Vierzigjährige in einer Art zweiter Pubertät wieder«, schilderte die Journalistin Kerstin Decker 1999 in dem Sammelband *Differenz in der Einheit* die damalige Lage, »in einer plötzlich ausgewechselten Welt, einem plötzlich ausgewechselten Leben. Ohne Boden. Und nie für möglich gehalten: ohne Arbeit. Aber mit Familie. Die Umbruchsphase war für die wenigstens reibungslos. Und manche gewannen nie mehr festen Boden unter den Füßen.«

In einer umfassenden, über Wochen angelegten Umfrage der *Sächsischen Zeitung* zu Jahresbeginn 2018 gaben zwei von drei Sachsen an, sich als »Bürger zweiter Klasse« zu fühlen. Selbst 70 Prozent der 18- bis 29-Jährigen denken so – und 84 Prozent der AfD-Wähler! Petra Köpping schreibt: »Selbst sehr viele junge Menschen, die die DDR gar nicht mehr erlebt haben, begreifen sich noch immer als Ostdeutsche und fühlen sich in der Tradition und aus der Erfahrung ihrer Eltern benachteiligt.« Der Soziologe Gert Pickel interpretiert diese Zahlen und meint, dass sich viele Bürger nicht wirklich vom Westen der Republik anerkannt fühlen, von den westdeutschen Bürgern und ihren Politikern.

Der Soziologe Ralf Dahrendorf sagte 1990 für den politischen, wirtschaftlichen und gesellschaftlichen Umbau der ehemals kommunistischen Länder voraus, die Einführung politischer Demokratie und rechtstaatlicher Verhältnisse dauere sechs Monate, der Übergang zur Markwirtschaft sechs Jahre und die Entwicklung einer Zivilgesellschaft sechzig Jahre.

Seit dem Fall der Mauer sind gerade einmal dreißig Jahre vergangen. Und die Ostdeutschen fühlen sich immer noch *Fremd im eigenen Haus*, so der Titel einer Untersuchung des Instituts für Demoskopie Allensbach vom Januar 2019. Die Meinungsforscherin und Leiterin des Instituts, Renate Köcher, kommt nach der Analyse der Umfragewerte zu dem Ergebnis, dass »die Mehrheit der ostdeutschen Bevölkerung weiterhin den Eindruck« hat, »dass zwischen Ost und West eine Trennlinie verläuft«. Das Vertrauen, das die Ostdeutschen in den Staat haben, ist bedeutend geringer als in Westdeutschland.

»Das Gefühl der Fremdheit prägt die Parteipräferenzen mehr als unterschiedliche Akzente der politischen Agenda.« Da die AfD und Die Linke in Ostdeutschland nicht als Westparteien gesehen werden, finden sie dort auch stärkere Unterstützung.

Knapp 7 Prozent der Westdeutschen, aber 17 Prozent der Ostdeutschen bezeichnen Die Linke als sympathischste Partei; ähnlich lautet der Unterschied bei der AfD: nur 9 Prozent der Westdeutschen, aber 21 Prozent der Ostdeutschen finden sie am attraktivsten.

Als er 2018 gefragt wurde, wann denn nun endlich die so oft beschworene »innere Einheit« der Deutschen erreicht sei, antwortete der ehemalige Bundestagspräsident Wolfgang Thierse, 1990 Chef der neu gegründeten SPD im Osten: »Wenn in der Beurteilung Ostdeutscher ihre Geschichte in der DDR weniger zählt als ihre Lebensleistung im gemeinsamen Deutschland. Wenn also West- und Ostdeutsche in gleichberechtigtem und selbstverständlich gewordenem Respekt miteinander umgehen.«

Bis wir so weit sind, dauert es wahrscheinlich noch ein oder zwei Generationen.

Integration ist anstrengend. Wenn Integration ein Prozess der bewusstseinsmäßigen oder erzieherischen Eingliederung sein soll, dann betrifft er nicht nur das Bewusstsein der neu hinzukommenden Personen oder Gruppen, sondern auch das derjenigen, die diese Integration fordern. Schließlich hängt es nicht nur vom Willen des Ankommenden ab, ob er sich integriert, sondern auch von der die Eingliederung fordernden Gesellschaft, ob sie sich ernsthaft und über verbale Forderungen hinaus bemüht, ihn aufzunehmen.

Wer sich die Mühe macht, sich einzugliedern oder gar integriert ist, dem gebührt der gleiche Respekt wie jedem anderen Bürger des Landes.

Daran aber mangelt es gerade vonseiten der deutschen Politik, der Behörden und der staatlichen Verwaltungen. In seinem Buch *Herkunft* beschreibt Saša Stanišić die Mühen im Umgang mit den Ausländerbehörden. Er ist inzwischen einer der wichtigsten deutschen Schriftsteller, für seine Werke vielfach ausgezeichnet, unter anderem mit dem Leipziger Buchpreis. Seine Mutter ist Bosniakin, der Vater Serbe, und als der Bürgerkrieg in Bosnien ausbrach, floh die Familie nach Deutschland. Saša Stanišić war damals 14 Jahre alt.

Sein Kampf mit den Behörden wirkt ein wenig wie der Schelmenroman vom Soldaten Schwejk.

Die Eltern müssen nach zehn Jahren Duldung Deutschland verlassen, ihren deutsch erzogenen Sohn zurücklassen und finden schließlich ihr Glück in Florida. Der Junge bleibt aber nur mit einer »Aufenthaltsgenehmigung für den bestimmten Zweck des Studiums«. Zwar erhält er für seine Magisterarbeit den Jürgen-Fritzenschaft-Preis der Universität Heidelberg, aber als er seinen Berufswunsch mit Schriftsteller angibt, sieht das die Ausländerbehörde skeptisch. Davon könne man ja nicht leben.

Nach seinen ersten literarischen Erfolgen lädt ihn ein SPD-Abgeordneter zu einer Lesung ein und schreibt hinterher auf seiner Website, Stanišić sei ein gelungenes Beispiel für Integration.

Deshalb lässt Stanišić in seinem ersten, äußerst erfolgreichen Roman *Wie der Soldat das Grammofon repariert*, der in dreißig Sprachen übersetzt wurde, seinen Helden Aleksandar sagen: »Wenn jemand sagt, ich sei ein gelungenes Beispiel für Integration, könnte ich ausflippen.«

In einem Interview 2006 nach diesem Satz befragt, antwortete Stanišić: »Der Begriff ›integriert werden‹ reduziert mich. Als wäre man einfach ein Defizit gewesen, und dieses Defizit wäre dann erfolgreich umgekrempelt worden. Herzlichen Glückwunsch, jetzt sind wir integriert! Ich bin integriert, weil ich es will. Allein dieses Wort: integriert werden. Das ist mein Leben, keine Ahnung, ich weiß gar nicht, was es heißt, integriert zu werden.«

Am Ende des Interviews resümierte Carsten Schrader vor 13 Jahren: »Saša will keinen Exotenstatus. Doch noch immer besitzt er lediglich die ›Aufenthaltsgenehmigung für den bestimmten Zweck des Studiums‹. Erst wenn ihm der Aufenthalt zur Erwerbstätigkeit bewilligt wird, kann er die deutsche Staatsbürgerschaft beantragen. Dann darf er sich auch offiziell deutscher Schriftsteller nennen.«

2019: »Deutsch« steht unter »Staatsbürgerschaft« jetzt in seinem Pass. Deutsch ist seine Sprache, und über seinen Roman *Herkunft* steht im Musikmagazin *Rolling Stone*: »Saša Stanišić ist ein Poet und Revolutionär, der seine eigentliche Heimat in der Sprache gefunden hat.«

In der deutschen Sprache!

Sprache ist Voraussetzung für Eingliederung, aber daran hapert es immer noch. Jahrzehntelang sind Menschen zum Arbeiten nach Deutschland gekommen, aber weder Staat noch Arbeitgeber haben sich bemüht, ihnen zu helfen, die Sprache zu erlernen. Und auch heute noch geschieht dies allzu wenig. Deshalb war auch die Reaktion heftig, als der ehemalige Bundespräsident Joachim Gauck kritisierte, er finde es »nicht hinnehmbar, wenn Menschen, die seit Jahrzehnten in Deutschland leben, sich nicht auf Deutsch unterhalten können«.

Serap Güler, Mitglied im CDU-Bundesvorstand und in Düsseldorf Staatssekretärin im Ministerium für Kinder, Familie, Flüchtlinge und Integration, musste »mächtig über diesen Satz schlucken«, wie sie in einer Stellungnahme in der *Frankfurter Allgemeinen Zeitung* schrieb: »Von Enttäuschung, dass ein ehemaliges Staatsoberhaupt dieses Landes so wenig über die Geschichte unserer Väter und Mütter weiß, bis hin zur Kränkung und sogar Wut war alles dabei. Und eigentlich ist genau diese Unkenntnis ›nicht hinnehmbar‹.«

Was sie dann schreibt, wird ähnlich auch von Saša Stanišić in *Herkunft* geschildert. Ein typischer Satz des Vaters von Serap Güler laute: »Ich nix verstehen. Du reden mit Tochter.« Vor mehr als vierzig Jahren war Vater Güler als Bergmann nach Deutschland gekommen und bekam auch einen Deutschkurs, in dem er allerdings nur lernte, wie die einzelnen Werkzeuge hießen, mit denen er arbeiten musste, »während der Gang zum Arzt eine sprachliche Katastrophe ist. Aber das Deutsch, das für einen Arztbesuch heute nötig wäre«, wurde ihm nie vermittelt. »Zum Standardrepertoire meines Vaters gehört ... auch dieser Satz, wenn man ihn auf seine Arbeit anspricht: ›40 Jahre unter Tage – ohne einen Tag krank!‹, sagt er ganz stolz.«

Sprache ist Voraussetzung für Eingliederung. In manchen Stadtteilen in Deutschland stammen mehr als sechzig Prozent der Grundschulkinder aus Familien, in denen kein oder kaum Deutsch gesprochen wird. Deshalb wäre es notwendig, den Besuch im Kindergarten zur Pflicht zu machen, wie es in Frankreich jetzt eingeführt wird. Es wäre notwendig, in der Grundschule den Kindern aus diesen Familien besonders zu helfen, Sprechen, Lesen und Schreiben zu lernen.

Da darf ein Schulkollegium auch nicht aus falsch verstandener Toleranz, aus missverstandenem »Multikulturalismus« oder gar aus Bequemlichkeit die mangelnde Sprachfähigkeit von Schülern dulden, wie sie die anonyme türkischstämmige »Inci Y.« in ihrem Lebensbericht *Erstickt an euren Lügen* schildert. Sie wurde jedes Schuljahr versetzt, obwohl sie weder Deutsch ausreichend lesen oder schreiben noch rechnen konnte. Die Lehrer hatten Mitleid mit dem Mädchen, das, samt Familie, nicht mit so viel fremdem Eifer überfordert werden sollte.

Im Herbst 2018 bat mich die erfolgreiche Kinderbuchautorin Kirsten Boie *(Ritter Trenk)* um die Teilnahme am »Hamburger Aufruf – Jedes Kind muss lesen lernen« teilzunehmen. Ich habe mich sofort bereit erklärt. Darin heißt es: »Knapp ein Fünftel der Zehnjährigen in Deutschland kann nicht so lesen, dass der Text dabei auch verstanden wird.«

Innerhalb kürzester Zeit hatten 100 000 Menschen den Aufruf unterschrieben. Aber es kam auch Kritik vonseiten einiger Lehrer, die bemängelten, der Aufruf delegiere die Pflicht, Kinder zum Lesen zu erziehen, ausschließlich an die Schulen – sprich die Erzieher. So moniert ein Lehrer: »Sie beklagen, die Lösung werde an Elternhäuser ›delegiert‹. Von wem denn aber? Vielmehr delegieren viele Elternhäuser die Bildung ihrer Kinder – dass diese zur Erziehung, die die ›zuvörderste Pflicht der Eltern‹ ist (vgl. dazu GG Art. 6 Abs. 2), gehört, wird wohl auch bei Ihnen keinem Zweifel unterliegen – an die Schulen, und das seit Jahrzehnten mit Unterstützung der Medien, der Politik – und jetzt mit Ihrer Unterstützung!«

Dieser Lehrer verkörpert ein bürgerliches Bildungsdenken, das der deutschen Identität leider immer noch entspricht. Dieses Denken geht davon aus, dass das Elternhaus Kinder viel besser erziehen kann als die Schule – eben nach bürgerlichen Kulturstandards. Das mag in manchen Bürgerfamilien heute noch der Fall sein, aber sicherlich gehören sie zu einer kleinen Minderheit.

Ganz anders aber sieht es etwa die französische Bildungsvorstellung: dort wurde früh die Ganztagsschule eingeführt, weil der Staat davon ausgeht, Kinder besonders aus den nicht-bürgerlichen Klassen besser schulen zu können als die Eltern.

Im Mai 2019 traf ich den Hamburger Bildungssenator Thies Rabe bei der gemeinsamen Eröffnung eines Schul-Schachturniers. Auf die Leseschwäche von Schülern angesprochen, erklärte er mir, in den Schulen mit über fünfzig Prozent Migrantenanteil könnten auch nach der vierten Klasse viele nicht richtig lesen. Denn zu Hause würden die Kinder nicht gefördert, da die Eltern weder Deutsch lesen noch schreiben könnten. Ich sagte dem Senator, was ich auch dem Kritiker geschrieben habe, dann müsse die Schule diese Aufgabe übernehmen. Wie? Indem mehr Lehrer eingestellt werden! Auch hier sei wieder der Blick nach Frankreich gelenkt: Präsident Emmanuel Macron hat gleich nach seinem Amtsantritt das Wahlversprechen eingelöst, Klassen in sozialen Brennpunkten zu verkleinern. Keine soll aus mehr als zwölf Schülern bestehen. In

Deutschland haben viele Menschen den Mangel erkannt, und in großem Maße übernehmen ehrenamtliche Mentoren die Förderung von Kindern, die Hilfe beim Lernen brauchen. Auch das ist ein schöner Teil der deutschen Identität: Solidarität durch das Ehrenamt erleben wir häufig. Und wenn es gilt, im Notfall finanziell zu helfen, so gibt es kaum ein Land in Europa, in dem die Bürger mehr spenden als in Deutschland.

Kränkung und Demütigung empfinden gerade diejenigen, die voll eingegliederte Mitglieder der Gesellschaft in Deutschland sind, aber trotzdem das Gefühl haben, nicht als vollwertige Bürger anerkannt zu werden. Sie sind keine Fremden, fühlen sich aber so behandelt, obwohl sie Autoren, Politiker, Abgeordnete, Staatssekretäre, Minister oder gar Parlamentspräsidenten sind.

Der baden-württembergische Landtag wird von seiner Präsidentin Muterem Aras (Grüne) geleitet. Sie kam 1978 nach Deutschland. Ihr Vater, ein Gastarbeiter, hatte bereits einen der angebotenen Deutschkurse bestanden, ihre mit den Kindern nachgezogene Mutter tat sich schwerer, hatte sie doch in der Türkei keine Schule besucht, konnte also selbst in ihrer Muttersprache weder lesen noch schreiben. Aras' Vater half der Tochter beim Erlernen der Sprache, eine deutsche Lehrerin nahm sich ihrer besonders an. Sie studierte, begann eine politische Karriere, baute eine eigene Steuerberatung auf, wurde Landtagsabgeordnete und schließlich Parlamentspräsidentin. In einem Gespräch mit der *Frankfurter Allgemeinen Zeitung* wurde sie gefragt, ob sie die Debatten über Integration und Einwanderung manchmal als naiv betrachte.

»Ich würde nicht das Wort ›naiv‹ wählen«, antwortete Muhterem Aras: »Aber es waren große Anstrengungen. Was fehlt, ist noch immer eine Anerkennungskultur. Klar, man strengt sich in der Schule und im Beruf an. Das ist aber nicht die einzige Voraussetzung für das Gelingen von Integration. Als Einwanderer hat man Kindheitsprägungen und kulturelle Erfahrungen im Rucksack. Und man entfernt sich von seiner Herkunftsgemeinschaft, was nicht selten zu Auseinandersetzungen führt. Diese Leistung des Ankommens wird oft unterschätzt und verdient Anerkennung. Ich wurde zum Glück mit offenen Armen empfangen von den Lehrern, von der Bauernfamilie in der Nachbarschaft. Ich behaupte: Weil ich so angenommen worden bin, war ich auch offen und interessiert an der deutschen Kultur.«

An dieser »Anerkennungskultur« fehlt es besonders vonseiten der Politik. Aus populistischen Gründen nannte der ehemalige CSU-Vorsitzende und Ministerpräsident von Bayern das 2018 von ihm übernommene Innenministerium auch Ministerium für Heimat. Dass er darunter – ironisch gesagt – nur Deutsche in Lederhosen versteht, hat er bald offenbart mit dem folgenden Satz: »Die Migrationsfrage ist die Mutter aller politischen Probleme in diesem Land.« Er sagte ihn im Zusammenhang mit den Vorfällen in Chemnitz, wo nach einem Todesfall Rechtsradikale aus ganz Deutschland unter anderem auch mit dem Hitler-Gruß durch die Straßen gezogen waren. Eine Demonstration, die Horst Seehofer auch noch verteidigte.

In einem offenen Brief an Bundeskanzlerin Angela Merkel, der am 8. September 2018 im *Hamburger Abendblatt* veröffentlicht wurde, beklagte sich der mit dem Gustav-Gründgens-Preis und dem Deutschen Fernsehpreis ausgezeichnete deutsche Journalist und Künstler Michel Abdollahi: »Der Bundesinnenminister macht uns Menschen mit Migrationshintergrund zum generellen Problem. Er nennt uns die ›Mutter aller Probleme‹. Er schlägt den 19,7 Millionen Bürger*innen, deren Eltern mal aus einem anderen Land hierhergekommen sind, ins Gesicht. Er schlägt diesen hart arbeitenden Menschen, die sich zu Millionen nahtlos in die Gesellschaft integriert haben, ihre Steuern zahlen und ihren Anteil zum Erfolg Deutschlands beitragen, ins Gesicht.«

Als Fünfjähriger kam Michel Abdollahi aus Teheran nach Hamburg. Hier machte er Abitur, studierte Jura und Islamwissenschaften, arbeitete unter dem Hamburger Bürgermeister Ole von Beust (CDU) in der Senatskanzlei. In seinem Brief an Merkel schreibt er: »Für Herrn Seehofer sind wir die ›Mutter aller Probleme‹. Für ihn werden wir nie dazugehören. Das tut sehr weh. Wie lange soll ich mich noch ducken und dankbar sein? Und wie viele Generationen nach mir?«

Es ist ein kluger Text, der die Wirklichkeit ungeschminkt aufzeigt.

Ein anderer kluger Text befasste sich ebenfalls mit dem Thema Heimatministerium. Die Publizistin Ferda Ataman schrieb im Juni 2018: »Politiker, die derzeit über Heimat reden, suchen in der Regel eine Antwort auf die grassierende ›Fremdenangst‹. Doch das ist brandgefährlich. Denn in diesem Kontext kann Heimat nur bedeuten, dass es um Blut und Boden geht: Deutschland als Heimat der Menschen, die zuerst hier waren.«

Diesen Satz bezog Heimatminister Seehofer auf sich und nahm ihn zum Vorwand, um seine Teilnahme am Nationalen Integrationsgipfel abzusagen. Im *Spiegel* veröffentlichte Ferda Ataman daraufhin einen Essay mit dem Titel *Wir sind hier keine Gäste*: »Meine Familie kam vor 50 Jahren aus der Türkei, ich wurde vor fast 40 Jahren hier geboren. Für mich reicht das, um mich als Einheimische zu fühlen. Aber mein Deutschsein wird ständig infrage gestellt.«

Heimat kann nur dort sein, wo man willkommen ist.

Heimat ist auch nur das, womit man sich identifiziert.

Der Weg dorthin ist mühsam. Die Einheimischen müssen sich öffnen und empfangen, die Hinzukommenden müssen sich die neue Heimat erschließen und die Zugehörigkeit erarbeiten. Das große Ziel sollte sein, bei aller Unterschiedlichkeit der ursprünglichen Herkunft des Einzelnen, Vernunft und Gefühl in Einklang zu bringen, um sich friedlich in einer Wertegemeinschaft zu einen und wohlzufühlen.

Ja, der Weg dorthin ist mühsam. Aber er lohnt sich.

# Die Zukunft: eine humane Gesellschaft

Kein Mensch kann seiner kollektiven Identität entfliehen. Und wenn der Zufall ihn zum Deutschen macht, dann ist er Deutscher. Aber das Deutschsein darf er nicht als einen Zustand definieren, wie er ihn aus der Geschichte des nationalen Überschwangs kennt – als wenn der Deutsche der bessere Mensch wäre. Leider gibt es immer noch viele Deutsche, die sich von Gespenstern mit diesem Gedanken betören lassen.

Deutsch sein heißt heute, wie der Philosoph Karl Jaspers es formulierte, »deutsch zu werden, wie man es noch nicht ist, aber sein soll«.

Maßstab ist nicht das nationale Idol, Maßstab sind die Menschenrechte, ist die Solidarität unter Menschen. Dies kann nur dem gelingen, der weiß, dass er sich nicht nur kriminell, sondern auch politisch, moralisch oder metaphysisch schuldig machen kann. Die politische Freiheit beginnt also mit dem Bewusstsein für Eigenverantwortung.

Die kollektive Identität entwickelt sich zwar aus dem Wissen um die Vergangenheit, aber wer sich kritisch mit ihr auseinandersetzt und schließlich auch mit ihr identifiziert, weiß um seine Verantwortung für die Zukunft.

»Das Urbild aller Verantwortung ist die von Menschen für Menschen«, schreibt der Philosoph Hans Jonas in seinem Werk *Das Prinzip Verantwortung*.

*Verantwortung* bedeutet, dass eine Person für ihr Handeln, aber auch für das Unterlassen von Handeln zur Rechenschaft gezogen wird, etwa vom eigenen Gewissen, den Mitmenschen oder einem Gericht. Bei einem Besuch in der Gedenkstätte des ehemaligen Konzentrationslagers Bergen-Belsen, wo im Nationalsozialismus mehr als 50 000 Menschen von den Deutschen ermordet wurden, darunter auch Anne Frank, sagte Bundespräsident Roman Herzog am 27.4.1995: »Auch das ist die Lektion von Bergen-Belsen: Man ist nicht nur verantwortlich für das, was man tut, sondern auch für das, was man geschehen lässt.«

Diese Erkenntnis ist Tausende Jahre alt, Laotse hat vor 2600 Jahren Ähnliches gesagt, Molière formulierte vor gut 350 Jahren den fast identischen Satz. Denn er ist so allgemeingültig, dass er auch heute bei jeder Gelegenheit zitiert wird. Bei einem Vortrag im Juni 2019 vor rund dreißig Leuten bei der Schwarzwälder Pilzlehrschau in Hornberg meinte der vortragende Autodidakt in Sachen Erdgeschichte, Klaus Armbruster, der Satz von Roman

Herzog gelte auch für das Anliegen von Greta Thunberg, Erfinderin der Fridays for Future, und Youtuber Rezo, der die CDU mit seiner Kritik ins Trudeln brachte.

*Verantwortung* betrifft jedes Mitglied einer moralischen Gesellschaft, in der man lebt, ohne formelle Zuständigkeiten übernommen zu haben.

Da mag ein jedes Individuum seine eigenen Vorstellungen von dem haben, was gut und was böse ist, und völlig egoistisch entscheiden. Doch Menschen in Gruppen besitzen eine Art und Weise zu denken, die sich von der unterscheidet, die ihren einzelnen Mitgliedern eigen ist, wenn sie für sich allein denken, fühlen oder leben.

Nun können Menschen nicht friedlich zusammenleben, ohne sich zu verstehen, ohne Regeln aufzustellen, wie das Leben in der Gemeinschaft gut – also so harmonisch wie nur möglich – ablaufen kann. Deshalb entwickelt sich jede Gesellschaft in eine moralische Gesellschaft.

Ohne Moral kann keine demokratische Gesellschaft bestehen. Moral bestimmt, was in einer Gesellschaft als gut oder böse angesehen wird, und dies zunächst im vorgesetzlichen Raum.

Die Voraussetzung für die Entwicklung einer gesellschaftlichen Moral ist die Würde des Menschen, denn von ihrer Achtung geht jede Entscheidung zwischen Gut und Böse aus. Der Mensch besitzt Würde, so Immanuel Kant, weil er kraft seiner Vernunft Einsicht in sittliche Notwendigkeiten hat.

Demnach gewinnt der Mensch Würde aus eigenem selbstbestimmten Verhalten durch gelungene Identitätsbildung.

Die Würde des Menschen ist der Grundwert, auf dem die Bundesrepublik Deutschland aufgebaut ist, weshalb Artikel 1 des Grundgesetzes so beginnt: »Die Würde des Menschen ist unantastbar.« Die Verfassungsväter und -mütter haben diesen Satz eingedenk der Erfahrungen des Dritten Reichs ganz bewusst an den Anfang des Grundgesetzes gesetzt. Keine andere Verfassung der Welt beginnt mit diesem ethischen Gedanken. Artikel 1 schützt jeden in Deutschland lebenden Menschen, nicht nur denjenigen mit deutscher Staatsangehörigkeit.

Aus der Würde des Menschen leitet sich vieles ab: nicht nur die wechselseitige Achtung des Lebens, der Unverletzlichkeit und der Freiheit. In der Würde steckt auch die individuelle Identität.

Die Moral soll das gute Handeln der einzelnen Mitglieder im Sinne der Gesellschaft leiten. Moralische Handlungen sind deshalb als überindividuell zu sehen.

Was gut oder was böse im Sinne der moralischen Regelungen einer Gesellschaft ist, ist nach Immanuel Kant eine Frucht der Vernunft: Praktisch gut ist, was objektiv, aus Gründen, die für jeden vernünftigen Menschen gültig sind, den Willen bestimmt.

Aber leider ist es immer wieder so: Was in der Philosophie absolut überzeugend wirkt, wird von der Wirklichkeit gleich wieder infrage gestellt. Allein wenn man die Masse von unsinnigen Hassmails in der digitalen Welt liest, wird man daran zweifeln, ob der Mensch tatsächlich ein von der Vernunft geleitetes Wesen ist.

Die Erfahrung lehrt, dass des einen Menschen Vernunft so schwach ausgebildet ist, wie des anderen Menschen Wille schwach ist, was bei beiden zu moralischem Versagen führen kann. Und die Vernunft ist leider auch kein absoluter Maßstab, denn das vermeintlich »vernünftige« Denken eines jeden Menschen wird durch die unterschiedliche Herkunft, vom Land oder aus der Stadt, aus unterschiedlichen Gegenden, aus Friesland oder Bayern, aus der Türkei, dem Senegal oder Italien, durch seinen Beruf, seine jeweils andere Erziehung – religiös oder laizistisch – und durch seine soziale Lage beeinflusst.

Aus der Befähigung des Menschen zur Vernunft leitet sich dessen Würde her. Aber die Würde ist kein Wert an sich, sondern aus ihrer Erkenntnis ergibt sich für jeden Menschen auch die Fähigkeit zur Pflicht, sich nach sittlichen Regeln zu richten.

Nun kommen Menschen weder mit einer ausgebildeten Vernunft auf die Welt, noch steckt in ihnen schon bei der Geburt der Kern einer Moral.

Erst mit der Erziehung und dem Aufwachsen in einer Gesellschaft wird der Mensch mit den in ihrer kollektiven Identität gewachsenen Werten und Tugenden vertraut gemacht. Werte, die sein Streben und Handeln so beeinflussen sollen, dass er ein Mensch wird, wie ihn seine Gesellschaft haben will.

In der europäisch geprägten Welt leiten heute jene drei Werte das Handeln und Denken der Gesellschaften, die sich aus der Würde des Menschen ergeben, und die den Leitgedanken der Französischen Revolution entlehnt sind: *Freiheit, Gleichheit, Brüderlichkeit.*

Unter dem Überbegriff *Freiheit* versammeln sich Tugenden wie Sicherheit, Verantwortung, Toleranz, vielleicht auch Bescheidenheit oder Besonnenheit.

*Gleichheit* wird heute meist als Gerechtigkeit bezeichnet, denn gleich kann man in einer ungleich gestalteten Gesellschaft nur sein, wenn Chancen für ein gleiches Leben gerecht verteilt sind.

Was Ende des 18. Jahrhunderts als *Brüderlichkeit* bezeichnet wurde, war vormals Barmherzigkeit oder Wohlwollen und wird heute als Solidarität bezeichnet. Denn auch dieser Wert hat sich in seiner Definition mit der Entstehung des Sozialgedankens im Staate gewandelt. Während die Brüderlichkeit von der Freiwilligkeit ausging, beinhaltet der Begriff *Solidarität* den Anspruch auf Hilfe eines Notleidenden gegenüber der Gesellschaft, dem Staat.

Diese Grundwerte sind elementarer Teil der deutschen Identität; allerdings gibt es immer wieder politische Streitigkeiten um die Auslegung dieser Begriffe. Solche Auseinandersetzungen sind üblich in einer Demokratie, und man sollte ihnen auch nicht ausweichen. Leider hat es sich in den Medien eingebürgert, in der Politik gleich Krisen zu sehen, wenn zwei Politiker – womöglich gar Minister in der gleichen Regierung – unterschiedliche Ansichten haben. Eine Regierungskrise schafft eben mehr Aufmerksamkeit als nur eine politische Meinungsverschiedenheit.

Einer dieser Grundwerte ist besonders wichtig, denn er ist allen anderen vorgelagert. Léon Bourgeois, Erfinder des Völkerbundes, erster Präsident des Völkerbundrates und Friedensnobelpreisträger, schrieb 1896 in seinem Werk *Solidarité*: »Die Solidarität ist das erste Faktum, vorgängig zu jeder sozialen Organisation; sie ist zur gleichen Zeit der objektive Seinsgrund der Brüderlichkeit. Mit ihr muss man anfangen. Solidarität zuerst, dann Gleichheit oder Gerechtigkeit, die in Wahrheit identisch sind, schließlich Freiheit. Dies scheint die notwendige Ordnung der drei Ideen zu sein, mit denen die Revolution die soziale Wahrheit auf den Punkt bringt.«

Im September 2015 hat auch Bundeskanzlerin Angela Merkel einen Satz geprägt, der in der ganzen Welt gehört und als Bekenntnis zur Solidarität aufgefasst wurde: »Wir schaffen das.«

So haben ihn Millionen von Menschen in Deutschland verstanden, die sich persönlich als Helfer eingesetzt haben, während Hunderttausende von Flüchtlingen nach Deutschland drängten. Der Satz von Merkel wurde in den Nachbarvölkern – etwa in Frankreich – vom Volk und in der öffentlichen Meinung als solidarisch gefeiert, während die Regierung in Paris unsolidarisch handelte, aus Angst vor den Stimmen der Rechtsradikalen, die überall in Europa, auch in Deutschland, diesen Satz für ihre rassistischen Parolen missbrauchten.

Angela Merkel, während der griechischen Finanzkrise in Frankreich verteufelt, wurde wegen ihrer humanen Erklärung dort plötzlich zur Heldin. Das Wochenmagazin *Le Point* druckte Merkels Foto auf dem Titel mit dem Satz: »Warum ist sie nicht eine der unseren?«

Mit ihrem Bekenntnis zur Solidarität mit Flüchtlingen aus anderen Ländern und Kulturen setzt sich Angela Merkel für den humanen Staat ein. Damit bejaht sie eine moderne Identität der Deutschen. Denn die alte Idee des Nationalstaats verliert zunehmend an Bedeutung. Die Nationen geben freiwillig auf, was ihnen lange besonders teuer war – Souveränität. Auch die Kultur als identitätsprägendes Element dehnt sich zunehmend über ihre Landesgrenzen aus. Denn Nationalsprachen werden durch die Internetkommunikation internationalisiert – oder neue Kommunikationssysteme werden erfunden: Social Media. Und dennoch – die Nation wird offenbar als Hort der kollektiven Identität und als Gefühlsheimat noch gebraucht. Ich erinnere nur an die Wahlsprüche der AfD, die mit »Unser Land, unsere Heimat« oder »Hol dir dein Land zurück« bei der Bundestagswahl 2017 12,6 Prozent der Wählerstimmen auf sich versammeln konnte.

Vielen Menschen gelingt es nicht, sich in der globalisierten Welt zurechtzufinden. Das gilt nicht nur für Deutschland, sondern auch für fast alle Länder Europas, man denke nur an die Wahlerfolge der Populisten in Frankreich, wo das Rassemblement National bei der Europawahl im Mai 2019 als stärkste Partei abschnitt, oder an den Wahlerfolg der österreichischen FPÖ, die sieben Prozentpunkte zulegte trotz des »Ibiza«-Videos – auf dem Parteichef Hans-Christian Strache so korrupt wirkte, dass er von dem Amt des Parteiobmanns und des Vizekanzlers zurücktreten musste.

Die Globalisierung bedeutet für viele eine Öffnung von Staat und Gesellschaft ins Ungewisse, in dem der Mensch die Übersicht verliert.

So nimmt die Sehnsucht des Einzelnen nach Geborgenheit zu. Diese Sehnsucht kann durch das zeitgemäße Heimatgefühl befriedigt werden, ein Heimatgefühl, das auch den Wert der Solidarität beinhaltet und das meinetwegen auch auf Vergangenem beruht. Aber es ist grundsätzlich notwendig, das Denken von Tabus, die aus der Vergangenheit herrühren, zu befreien und Verhaltensmuster selbstkritisch zu überprüfen. Beides scheint manchen Deutschen schwerzufallen.

Tabus, die aus der Vergangenheit stammen, zu entlarven und auch durch die Geschichte überholte Elemente in der nationalen Identität abzubauen, ist sicher eine abstrakte Forderung. Aber dies umzusetzen, ist die Voraussetzung für die Schaffung eines neuen, eines kritischen Heimatgefühls, das auch der Angst vor der Globalisierung gewachsen ist. Norbert Elias meinte 1992, ein »entschiedener Bruch mit der Tradition des Obrigkeitsstaates, eine beharrliche experimentelle Humanisierung aller Instanzen des Staates, Parteien, Bürokratie, Militär mit eingeschlossen, wäre sicher als Mittel der Reinigung von dem Stigma der Vergangenheit und damit zugleich als Mittel der gegenwärtigen und zukünftigen Sinngebung von Staat und Nation ebenso nützlich wie erfreulich gewesen. Ein humaner Staat, so etwas fehlt eigentlich noch in der Welt.«

Der Satz »Wir schaffen das« kann das Bewusstsein für einen humanen Staat prägen. Dieses Bewusstsein erwächst über die aktive Beteiligung am Staat – das haben die vielen ehrenamtlichen Helfer ab dem Sommer 2015 erlebt. Wer erkannt hat, dass er haftet, kümmert sich. Im menschlichen Bereich ist es nicht ungewöhnlich, dass derjenige, der für einen anderen Menschen Verantwortung übernimmt und sich um ihn bemüht, dieser Person gegenüber auch positive Gefühle empfindet.

Wenn die Deutschen lernen, nicht nur am humanen Staat mitzuarbeiten, sondern auch die Nation neu zu definieren, wird es ihnen nicht mehr schwerfallen, sich zur kollektiven Identität zu bekennen.

Die moderne Nation besteht nicht aus einem die Gemeinschaft fördernden »guten« Teil und einem andere Menschen ausgrenzenden »bösen« Teil, sondern sie ist eine Ordnung, der sich anschließen kann, wer mag.

Die Nation »Deutschland« heißt dann auch nicht mehr »Vaterland«, sondern ist Heimat für alle, die unter den Bedingungen des humanen Staates leben und dafür haften wollen.

Zur nationalen Identität gehört auch die Erkenntnis, dass jeder aus Notwendigkeit Mensch, aus Zufall Deutscher ist. Und zum Deutschsein gehört auch das Wissen um die Vergangenheit – mit ihren schlechten, aber auch mit ihren guten Teilen.

Mit dem Aufruf: »Identifiziert Euch!« verbinde ich gleichzeitig die Aufforderung, zu erkennen, dass Deutschsein nur ein relativer Begriff ist, der nicht auf alten Mythen gründet. Sondern im Wissen um die Geschichte bedeutet gerade Deutschsein eine Aufgabe: den ersten Satz aus unserem Grundgesetz »Die Würde des Menschen ist unantastbar« als Handlungsmaxime zu sehen, um die Rechte des Menschen zu verwirklichen, zu wahren und zu verteidigen.

Ein humaner Staat, ja, so etwas fehlt wirklich noch in der Welt. Das zu erreichen, ist zwar ein hochgestecktes Ziel, ein Ideal, das will ich gern zugeben. Aber auch Werte wie Freiheit, Gerechtigkeit und Solidarität sind erst einmal nur ideale Vorgaben, die uns als Wegweiser dienen. Kritikern, die darauf hinweisen, in der Wirklichkeit sei von der Umsetzung der Ideale wenig zu sehen, sei gesagt: Ideale dürfen einen absoluten Anspruch einnehmen, und vernünftige Menschen werden bereit sein, sich mit dem ideellen Ziel vom humanen Staat zu identifizieren.

Ein langer Weg liegt vor uns. Aber er lohnt sich, und deshalb ermuntere ich alle:

»Identifiziert Euch!«